新潮文庫

紋切型社会

武田砂鉄著

新潮社版

11053

はじめに

10ポンドと15ポンドのボールしか用意されていないボウリング場で、「どちらかの球を選んでください」と言われる。自分にとって投げやすい重さは12ポンドなのだが、澄まし顔で「このどちらかで」と言われる、そんな社会である。強制の意思はない。だから、選ぶほうも素直にどちらかを選んでしまう。回答のバリエーションを諦《あきら》めている「紋切型社会」。

なぜ決まりきった、あらかじめ用意されたいずれかを選ばなければならないのだろう。ローションを身体《からだ》に塗りたくって、自分がボールとなりピンに向かって突っ込んでみてもいい。隣接するスーパーで西瓜《すいか》を買ってきて転がしてみるのも面白い。もう、ボウリングなんかやめてプリクラ撮ってカラオケに行こう、だって構わない。何もせず家に帰ってしまう自由もある。主体的に舵《かじ》を取れば、選択肢など、いくらでも掘り当てることができる。

多様性を作り出せる場面なのに、すでにそこに用意されている10ポンドか15ポンドかの二つから選択してしまう社会。二項対立、とは違う。対立すらしていない。誰かから強制されたわけでもないのに、既存の選択肢にすがる緩慢さが閉塞感《へいそく》を補強する「紋切型社会」。

特に言葉。フレーズ。キーワード。スローガン。自分で選び抜いたと信じ込んでいる言葉、そのほとんどが前々から用意されていた言葉ではないか。紋切型の言葉が連呼され、物事がたちまち処理され、消費されていく。そんな言葉が溢《あふ》れる背景には各々《おのおの》の紋切型の思考があり、その眼前には紋切型の社会がある。「紋切型社会」を象徴する言葉をあらゆる方向から拾い上げ、二〇ほど並べて考察していく。目次を開き、目に留まった言葉から読み進めてみてほしい。紋切型社会、そしてその社会を硬直させる言葉は、決して政治や時事問題にだけまとわりついているわけではない。ありきたりな言葉、いたずらに反復されていく言葉は、生活の様々な場面にこびりついている。

一見、取り留めのないこれらの言葉は、本来の言葉が持っているはずの跳躍力を低めてしまう。本書は、骨太な評論でも柔らかなエッセイでもない。かしこまった思索もあれば、思いつきに体を預けた放言もあり、指を差された側をたちまち憤《いきどお》らせる皮肉をまぜこぜにしている。ひたすら揚げ足を取り続けているようにも読めるかもしれない。でも、揚げ足を取らないからこそ、その足がずんずん迷いなく歩き出し、空気ばかりが稼働《かどう》してしまう。

放たれた言葉が紋切型として凝り固まっていく社会はつまらないし、息苦しい。固めないために、とにかく迂回《うかい》を繰り返す。揚がった足を摑《つか》まえてみた。

目次

紋切型社会

01

乙武君

障害は最適化して伝えられる

うちの母が、ちょうど『五体不満足』があちこちで話題をさらっていた頃、早大生として大学に通う乙武洋匡《おとたけひろただ》（ひとまず敬称略）を高田馬場の駅前で見かけた。帰宅した母が興奮気味に語る。「乙武君、とにかく背が高くてカッコ良かったんだから」。家族の爆笑を誘う。混み合う駅前の横断歩道を渡る姿がとにかく颯爽《さっそう》としていたの、と目を輝かせている。

食卓とはいつだって外部に冷淡で、だからこそ家族は団欒《だんらん》を手にする。旅番組で温泉に浸《つ》かった女優がその後の懐石料理の場にフルメイクで「お肌サラサラ〜」と登場すれば、テレビの前の家族四人は徹底的に女優を罵《のの》るし、たちまち彼女の男性遍歴が不確かな情報源からもたらされる。こうして発露した冷淡さは、ちょっとしたおかずよりもご飯を進ませる足がかりになる。団欒ならではの冷淡さは痛快であるとしっかり体に植え付けていた高校生の私は、更なる団欒を呼び込むために「彼の場合の、

『背』ってナニ？」とわざとらしく問うた。母は時の人に遭遇した興奮を抑えられず、設問には答えず鼻息を荒くしたまま。

「とにかくね、すらっとしているのよ」「すらっと、ってナニ？」「背が結構あるのよ」「だから、『背』ってナニ？」「はぁ、乙武君、本当にステキだった」

団欒のもうひとつの利点、それはどれだけ辻褄《つじつま》が合わなくとも議論をいつでも遮断できるところ。冷蔵庫の在庫を一掃することを一義に何でもかんでも煮込まれた鍋《なべ》がだらしなく沸騰《ふっとう》する音に気付き、話は突然終わった。

その後、乙武君をメディアで見かける度、あるいは友人間で彼のことが話題にのぼる度、母から自信たっぷりに投じられたフレーズ、「乙武君は意外と背が高い」を頭に蘇《よみがえ》らせることを忘れなくなった。時折その一部始終を誰かに伝え、約束されたように大きな笑いを浴びた。ひとしきり仲間内で披露し、テッパンネタとして知れ渡った頃にようやく学校の図書館で『五体不満足』を手に取ると、あとがきの中で彼は、「障害は不便である。しかし、不幸ではない」というヘレン・ケラーの名言を引用し、「不満足どころか、五体のうち四体までがない」と自分で自分に突っ込みながら、こんな障害を持っていても楽しいんだよ、障害者だからって悲しい目で見つめないでよ、と訴えていた。

読む前まで、「すらっとしてて背が高い」という母の非人道的な見解に「それって背なのかな」と人道的に応じていたつもりの自分は、高校生なりの真っ当さに浸っていたのだけれど、この本を読み進めてみると、『五体不満足』の狙《ねら》いとはむしろ、「すらっとしてて背が高い」と母に言わせる柔軟性にあったと読める。

毎度お馴染《なじ》み24時間テレビは、障害を持つ人に毎年いくつものチャレンジをさせたがるのだが、「障害を持つ人に何かをしてもらう」という毎度の前提を疑う誰かはいないのだろうか。毎年、告知を見かける度に「今年も気付く人はいなかったか」と悲しくなる。この局は、アナウンサーに内定していた女性にクラブ勤務経験が発覚するとたちまち内定を取り消した。彼女に送られた書類には「アナウンサーに求められる清廉《せいれん》性にふさわしくない」とあったそう（その後和解）。心が清らかで私欲がないことを「清廉」と呼ぶが、「障害者に動いてもらうと数字が安定するんだよな」とシャブ中毒のように常習することほど、心が淀《よど》んでいて私欲が噴出していることもなかろう。清廉性から最も遠いのは、そうやって人に清廉性の有無を求めていく貴方《あなた》たちではないか。

一体、その年の会議はどのように始まるのだろう。二日は寝ていなそうなＡＤがぶっきらぼうに呼ばれる。「んで、去年はなんだっけ」「えっと、車いすの少年×シンクロ、あと、盲目の少女×登山っすかね」「っすかね、じゃねえよ。で、なんかもっとグッとくるのねぇのかよ」「じゃあ……初めての義足で走り幅跳びとかどうっすかね」「っすかね、じゃねえよ。ってかそれ、前にもなかったっけ」「えっと、少なくともこの五年はありません」。ホワイトボードに、数値が見込まれるコラボレーションがいくつも書き込まれていく。非道な打ち合わせが、ゆくゆくは地球を救うことになる。

この番組を心底嫌うようになったきっかけがある。障害を持つ方が登山へ挑む企画で、残念ながら未登頂に終わった時。長年の総合司会が、背中に隠されているスイッチを押したとしか思えないいつもの涙を順当に流しながら、「○○さんの頑張りは日本中に伝わりました。皆さん、大きな拍手を送りましょう」と呼びかけた。その時の、当事者の顔を忘れない。自分たちは失敗しても悔しがることすら許されないのか、と戸惑う顔が、山道にほっぽらかしにされていた。愛と地球が響き合う中では戸惑い続けることすら許されなかった。

『五体不満足』の主たるメッセージである「障害者って、君たちが決めつけてくるほど不幸じゃないよ」は、24時間テレビ的な発想においては、来年以降のネタ作りがぐらついてしまう困ったメッセージであり、ホワイトボードに案出しされたコラボレーションにとっては、この上なく煙たい働きかけだ。つまり、障害者には不幸でいてもらわなければ、出演者はいつもの涙を流せないし、ADは今夜も眠れない。達成できなかった登山すら、当人の声を待たずして涙へ急ぐのは、大切に育ててきた装置をなんとしてでも守り抜きたい一心にある。涙を流しているのに思考が停止している、という珍しい事態があの番組には生じ続けている。

あなたが教師ならば、生徒にこんな作文のテーマを与えてみてほしい、「余命五〇年の花嫁よりも、余命一カ月の花嫁のほうが悲しいのはなぜか」と。あなたが広告代理店のプロジェクトリーダーならば部下に問うてほしい、「余命どれくらいの花嫁が一番泣ける映画になるかな」と。障害の有無と司会者の涙の有無は一致するだろうが、障害の度合と司会者の涙の度合まで一致するのかどうか。余命一カ月の花嫁よりも余命二週間の花嫁のほうが泣けるのか。「余命一カ月」がヒットした、ならば「三カ月」なら長すぎるのか、「一週間」なら短すぎるのか。「余命一カ月の独身」「余命一カ月のシングルマザー」では泣けるのか……そういった最適化は、設定する側の自由気ままに行なわれ続けてきた。ひとまず深刻な顔だけ晒《さら》しておけば、乱用が許された。乙武君は「障害の最適化」に、すらっとした身長で入り込んできた。初めて主体的に入り込んできた。

　障害の最適化、というのは深度を持つフレーズに違いない。この最適化にあたって、ひとつの尺度となってくるのがごく自然に付着してくる「敬称」ではないか。『五体不満足』の乙武洋匡と、薬害エイズ事件の原告で現在参議院議員の川田龍平《かわだりゅうへい》は、同じ一九七六年生まれである。メディアに引っ張りだこになった時期はやや異なるが、乙武は「乙武君」と呼ばれ、川田は「川田さん」「川田氏」と呼ばれていた。24時間テレビがホワイトボードに書き連ねるのすら躊躇《ためら》う病として位置付けられていた、ヘヴィな患《わずら》いＨＩＶ。二人は同世代でありながら、乙武は「君」で、川田は「さん」だった。この差は一体何を意味していたのか。

　ＨＩＶに対する基礎知識が今以上に欠けていた当初、非加熱の輸入血液製剤による感染と聞かされても、その症状をちっとも把握できないがゆえに、「この人がどれくらい残酷な目に遭ったのか」という尺度を設定しきれずにいた。窮状を訴える川田に尺度を見つけられないために、難病を持ち駒《ごま》のように差し出してくる24時間テレビ的シンパシーを投げにくかった。一方、乙武君は分かりやすかった。いつもの持ち駒が使えた。明るい顔で、僕には手も足もないけれど、それでも大丈夫、とあちらから率先して申し出てきた。「ぜひ、親しんでください」という申請と「ええ、親しませていただきます」という承諾が、早い段階でスムーズに交わされたからこそ、彼には親しみの証《あかし》として「君」という敬称が安定的に使われた。直接知りもしない人に「君」を使う。ポップで親しみやすいその敬称は、更新されぬまま長期間使われることになる。

他方、ミドリ十字などの体《てい》たらくが具体的に明らかになっても、川田龍平は川田「君」、とは呼ばれなかった。乙武君が「君」である理由をそのままスライドさせて考えてみると、メディアに映る川田は決してポップではなかったし、親しみやすくなかったということになる。「親しみやすくなかったから」とはこの上なく失礼千万。しかし、困難の中にある当事者に対して「君」と「さん」を使い分けるのは、つまるところ、アクセスする側の都合でしかない。理不尽極まりないが、理不尽とは改善を目指さないからこその理不尽、ひょいひょい投じ続けられる理不尽を食い止めるきっかけとなる出来事も生じぬままに、一向に改まらなかった。茶の間に節操なく放たれっぱなしになることで乙武は「君」で定まり、節操なく放たれない川田は「さん」で定まったのだ。

「クリスマスまでにあと3000人の子どもを救いたい」という募金のバナー広告は

大抵の場合、うるんだ瞳《ひとみ》でこちらを見つめてくる貧しい子どもたちの写真が使われる。明日にも死にそうな痩《や》せこけた体をゴザに預けている写真よりもこちらが優先される。ここにも深刻度の「最適化」がある。広告代理店のホワイトボードに赤字で記されているであろうキラーワード「ニーズの最適化」だ。目的達成のための最適な方法を考え抜き、適確に提示し、最短距離かどうかが問われる世界。

プレゼン開始。

「お正月までに4000人の子どもを救うよりも、クリスマスまでに3000人の子どもを救うほうが受け取る側の胸を打つんです」と部下。

「なぜだ」と硬い表情の上司。

「考えてもみてください、クリスマスというのは〝個人〟にとって特別なものですよね。その一方で、お正月というのは〝世の中〟にとって特別なものです。〝世の中〟の出来事である正月に〝個人〟を持ち出されても、個々人への響き方は鈍くなると思うんです」

「……成長したな、オマエ」

「あざっす」

「っす、じゃねえよ」

私たちはこうして、躊躇わずに最適化を繰り返していく。乙武には「君」、川田には「さん」、議論や葛藤《かっとう》や躊躇を取っ払って簡略化してしまうと、乙武自身が五体満足ではないことを積極的にプレゼンしてくれるから、私たちは彼を「乙武君」と呼び続けることができた。

この「君」の使われ方は、流行《はや》りの「上から目線」云々《うんぬん》では正しく見渡せない。「乙武君」の「君」の成分にもう少し迫るためにも、安定的に「君」が使われる他のケースを考えてみたい。

高校野球のウグイス嬢は、選手を必ず「君」付けで呼ぶ。「四番、セカンド、桜井君」という具合に。学校内での体罰事件が相次いで発覚してはその都度物議を醸《かも》してきたが、その渦中《かちゅう》に高野連（日本高等学校野球連盟）が野球部の指導者に取ったアンケートは「体罰は指導する上で必要　九・七％」という圧倒的な時代錯誤を叩《たた》き出していた。恒常的な乱暴を躾《しつけ》だと言い切る組織形態に本来は「君付け」など似合わないし、苛酷《かこく》な練習の日々にそんなものがそもそも存在するはずもない。試合に出たご褒美《ほうび》のように付着される「君」。丸坊主《ぼうず》の少年に君付けで語りかける妙齢の女性とは「筆下ろしAV」のテッパン設定だが、あの種の手ほどき感が「セカンド、桜井君」という語りかけにはあるのかないのか。未知のフィールドに連れ出されて、「あなたはまだ一人前ではないのよ」と年上の姉さんに大人の階段を登らされているのだろうか。「桜井、キサマ、コノヤロウ！」と呼び捨てにされる日常と打って変わってアナウンスで筆下ろしされる高校球児は、徹底的な青臭さを公表させられるかのようでもある。筆下ろし的アナウンスの「君」付けは、ニキビのように青臭さの証として高校球児を拘束していく。

考えてみれば、どこかに置いてきた青臭さを国民が無理やり思い返す恒例行事があの甲子園というシステムだ。試合に敗れて甲子園の土をすくい集める選手を見かける度、選手の肩を叩きながら、この土は定期的にどこからか補充される土だから厳密には甲子園の土じゃないのさ、この事実に気付けるかどうかだよ人生は、と教え込みたくなる私なんぞはお呼びでない清らかさに満ちた世界。青臭さと忠誠心が土ぼこりの中でブレンドされた世界。その絶妙なブレンドが、どこからか運び込まれた土を甲子園の土に変える。

青臭さも忠誠心も、あらゆる疑念を駆除するアプリを体に内蔵しなければ持ち得ないもの。補充された土を涙しながら集められる人たち。その青臭さと忠誠心を更新できるならばと大学からの誘いを受け、引き続いて更新できるならばと先輩と同じ商社へ入社していく。そこでようやく出会った「セカンド、桜井君」的な麗《うるわ》しい女性。高校球児の「君」はこうしてフィナーレを迎える。いいや、再生産される。もしかして、高校野球の「君」付けは、前もって優性な遺伝をほのめかしているのか。

その手の「君」付けは国家の中枢《ちゅうすう》にもある。政治家は答弁の度に挙手をし、その場を仕切る者から、「○○君〜」と呼ばれる。「挙手をお願いします」「静粛に」と静めてくる。この場では安倍晋三も「安倍晋三君」だし、山本太郎も「山本太郎君」だ。それこそ、国会議員になった川田龍平はここで初めて公的に「君」と呼ばれることになったのだろう。女性にも君だ。小渕優子《おぶちゆうこ》君に、辻元清美君。

なんとこの「君付け」は、議院規則で半ば規定されている。参議院規則第208条にはこうある。

「議員は、議場又は委員会議室において、互いに敬称を用いなければならない」

そこから派生した「平成25年版・参議院先例録　四四〇」にはこんな記載がある。

「議員は、議場又は委員会議室においては互いに敬称として『君』を用いる」。歴史を紐解《ひもと》けば、「君」とは東アジアの漢字文化圏などで皇族や王侯に対して使われてきた言葉。ネクタイと社員証をYシャツの胸ポケットに突っ込んだ部長が部下の女性に「おやおや、田中君、今日はいつもよりメイクが派手だね。さては今夜は彼氏とデートかな?」で使う「君」とは性質が異なるものだった。今や言葉の性格として認知されているのは圧倒的に後者。投げかける側の優位を伝えるのが「君」なのだ。安倍晋三君の「君」は、発言側からのリスペクトなんかではなく、こちらで管轄《かんかつ》していますよ、というニュアンスを表している。先例録にあった「互いに」は守られていない。「君」は人を下に見る言葉とは限らないが、少なくとも上に見る時には使われない。女性で初めて衆議院議長を務めた土井たか子は、議員を「君」ではなく「さん」で呼んだ。「君」を対等だとは思えず、より均質な心象を感じさせる「さん」を意識的に使ったのだろう。

乙武君がなぜいつまでも君付けなのか、という思いつきの議題、まだまだ問題の根は掘れる。

交番などに貼《は》られる、逃走中の凶悪犯を知らせるビラには、お馴染みの「おい、小池!」に代表されるように敬称がない。しかし、皆様堂々とお忘れでいらっしゃいますが、容疑者というのは、疑いを持たれている者、犯罪の嫌疑を受けている者、のことであって、この時点では「罪を犯した者=犯罪者」ではない。「疑わしきは被告人の利益に」という「無罪推定原則」の定義に、この呼び捨ては全く対応していない。

「小池！」は、ひとまず疑われている人間にすぎない。それなのに堂々と「こいつはとんでもない奴《やつ》なんだ」と煽《あお》っているわけで、制度誤認がこれほど甚だしく露呈している場面もないのだが、「極悪人に決まってらぁ」と投げられた認定に、世間は喜んで火を放っていくものなのだ。

芸能記者は必ず、結婚会見で「お互いのことを何と呼んでいるんですか？」とニヤけながら尋ねる。大抵、男は「そのまんま、トモコですね」と答え、女は「私はサトシさん、って呼んでます」と答える。「ニャンニャンちゃんです」とか「あーたん、です」と寒気を誘うカップルもいるが、どうしたって密な関係性の場合において「トモコ君」とか「サトシ君」は出てこない。「さん」か呼び捨てかはそれぞれが選び出せるにもかかわらず、「君」の位置取り、距離感って、まだ正確に計測されたためしがないのではないか。とっても密接な時にも、とっても関係性が遠い時にも、「君」は出てこない。容疑者は「おい、小池！」、藤子不二雄の漫画に親しみをもって描かれるのはラーメン大好き「小池さん」だ。ラーメン大好き「小池君」では小池百合子だ。ちっとも親しみやすくない。

乙武君は、それがかの有名な乙武君だと知らされないままどこかで出会っていれば、まずは入口には「乙武さん」という敬称が用意されただろう。本来「乙武さん」で始まるはずだったその人が、最初から快活な活動や親しみやすい発言を自らたくさん投じてきたことで、こちらは初期設定の段階から「乙武君」を得た。得たのはいいのだけれど、仕組みが解析できているわけでも、理由付けが明確になっているわけでもないから、そこから前に進むことも後ずさりすることもない。初期設定の「乙武君」のまま、拘束されてしまう。位置取り・距離感を計測できない「君」は拘束の言語だ。青臭さでも親しみやすさでも、一度定まったところから動こうとしない。乙武「君」には、健常者が極めて自然に投じてしまう「障害の最適化」がかかわってくる。乙武君が「君」のまま動かないのは、「君」を投じる側が改める方法すら探そうとしてこなかったから。毎年同じ方法で地球を救おうとする二日間寝ていないＡＤの案出しと同じく、変わろうとしないのだ。

乙武「君」を考え抜いていくと、普段あちこちで飛び交う敬称の安定と不安定が見えてくる。「君」から呼び捨てになる時、「君」が「さん」に戻る時。乙武が「君」であり続けることを中心に据えてみると、人との距離がそれなりに測れるかもしれない。まずは、自分がなぜいつまでも乙武「君」と呼ぶのかを考え込んでみる。この間に変わったあれこれの関係性と、ちっとも変わらない乙武君への考え方を照らすと、自らの振る舞いにどんな変節が生じたのか、生じていないのかが見えてくる。そして、いかにして敬称を都合良く最適化してきたかを知るだろう。その変化は辛うじて見えるんだけど、「君」の居所はやっぱり摑《つか》めない。まったくブラックホールのような「君」。

02

育ててくれてありがとう

親は子を育てないこともある

結婚披露宴に呼ばれる度、クライマックスに用意される慣例としてのサプライズ、新婦から両親への手紙を今か今かと待ち構える。日に何本かの式をハシゴしているであろうこなれた司会者が「楽しく、おめでたい、この、披露宴も、たけなわで、ございます。ここで、新婦の明子さんより、ご両親へのお手紙がございます」と、必要以上の息つぎで、ムードを作ってくる。

披露宴に呼ばれること一〇回ほど。記憶を辿《たど》りながら新婦から両親に向けた手紙を平均化してみるとこうなる。

「お父さん、お母さん、こうして手紙を書くなんて、初めてだから、緊張しているよ。なんだかとっても照れくさいです。今日、こうして、拓也さんと結婚式を挙げられたこと、そしてこの晴れ姿をお母さんとお父さんに見せることができて、本当に嬉《うれ》しいです。

お父さん……初めて拓也さんを紹介した時のことを覚えていますか。その小さな目を思いっきり開いて愛想を振りまいている姿、私が知っているお父さんじゃなくって、おかしくっておかしくって。普段は寡黙《かもく》なお父さんが私は大好きだけど、そんな愛想を振りまくお父さんもなんだか可愛《かわい》らしくって大好きだよ。今日は本当にありがとう。

お母さん……お母さんには拓也さんのこと、お父さんに言う前から相談に乗ってもらっていたよね。一番近くに味方がいて、なんでも相談できて、心強かったよ。高校三年の時、進路のことでお母さんと大げんかになって、私、家を飛び出しちゃって、でも行くところといったら幼なじみの由美のところしかなくって、お母さん、そんなこと分かってたみたいで、先に由美のお母さんに電話をして、今から行くと思うから面倒見てやってください、ってお願いしていたこと、後から知って私、本当に嬉しかったよ。だから、そんなお母さんに、今日という日をプレゼントできて本当に嬉しいです。

これから私は拓也さんと、二人に負けないような温かい家庭を築いていきます。まだまだ未熟な私たちだけど、これからも見守ってください。お父さん、お母さん、今まで育ててくれてありがとう」

起承転結のうち起・転・結はおおよそ決まっている。本来、話のバリエーションを持たせやすい「転」が、いつも同じストーリーテリングに甘んじているのが面白い。必ずちょっとした反抗期を使うのだが、反抗期の過大評価が疑われる。「転」を作らなくてはスピーチが引き締まらないという新婦の思い込みが、母親とのいざこざを深刻気味に引っ張り出した疑い。晴れの舞台とはいえ、これほど近似するスピーチを連発してくるのはいただけない。大学のレポートならば単位を失効するほどのコピペに該当するが、わざわざ決まりきったサプライズを行なうというのに、中身まで平凡に決まりきっていてグッタリしてしまう。一生に一度と、そちらからプレゼンしてきたというのに。

こういう公的な文面には大抵サンプルがある。結婚式のスピーチブックだけではなく、校長先生用に朝礼の話集まで販売されているのだから、両親への手紙にもサンプルがあっても驚きではない。でも、両親への手紙くらい、自分で書けよ、と思う。こちとら結婚式の友人代表挨拶《あいさつ》を「ところで皆さん、この彼の魅力って何なんでしょうか。さっき、自分のテーブルで訊《き》いてみたんです、彼の魅力って何なんだろうと。みんな、首をかしげるんです。言われてみれば何だろうね、と。でもですよ、みんなが首をかしげるのに、これだけの人が集まるというのは……」と始めたら最終的に拍手喝采《かっさい》で終わったのだけれど、終わった後でわざわざオフィシャルな方面の出席者が集うテーブルに呼び出されて、どうして「ご両家におかれましては……」のくだりを入れないのかと深刻そうな顔で問い詰められた。晴れの日なのでにこやかに「なぜ入れなければいけないのでしょう？」と返すと、「普通、入れるだろう！」と赤ら顔のオジサンが返してくる。「普通、ですか。ほら、今日は特別ですから普通ではないことを」とキレイに返したかったのだが、晴れの日なので「はぁー、まぁー、そぉーですねぇー」と雑にかわすにとどまった。披露宴に出向き、「ご両家におかれましては……」に始まるひねりのないスピーチを聞く度に、あのオジサンの赤ら顔を思い出す。「ゼクシィ」のサイトに「花嫁の手紙」のサンプル文が掲載されている。いかにもそのままコピペして使えそうな温度で、さすがのバランスの良さを感じる。お読みいただこう。

お父さん、お母さん。今日までの26年間、本当にお世話になりました。ふたりに育てられた日々を振り返ると、楽しかったいろいろなことが次々に浮かんできます。

子どもの頃の私は走るのがすごく遅くて、運動会が苦手でした。前日にお父さんがアドバイスしてくれたのに、やっぱり急には早く走れなくて…。でもビリになって泣きべそをかきながら走る私を最後まで大きな声で応援してくれてすごくうれしかったです。お母さんは、私が小学校に入るまで毎晩、布団《ふとん》の中で絵本を読んでくれましたね。「またこれ?」と笑いながら、同じ絵本を何度も何度も。本屋で絵本を見るたび、優しかったお母さんの声を思い出します。ふたりのあたたかな愛情に包まれて幸せでした。感謝しています。

今日からは○○さんと、仲良く笑い声のあふれる家庭を築いていきたいと思っています。長い道のり、ふたりで力を合わせていきますので、これからも私たちをずっと見守っていてくださいね。まだまだ未熟者ですが、どうぞこれからもよろしくお願いします。

この手紙は三つの段落に分かれており、「書き出し」「エピソード」「結び」のそれぞれのカテゴリが何パターンもの文例から選べるようになっている。パズルを組み合わせるように、サラダバーでお好みのトッピングとドレッシングを選べるように、自分だけの手紙が作れる仕組みになっているが、果たしてそれは自分ならではの手紙なのだろうか。相手の名前は「○○さん」と使い回しのきく形になっているのに、なぜか冒頭で「今日までの26年間」と婚姻年齢が特定されているのも不可解だし（厚生労働省の二〇一三年発表のデータで、女性の平均初婚年齢は二九歳）、「できちゃった婚」を想定した場合のサンプル文では「娘がいきなり母親になってしまうような頼りない私ですが」と余計なお節介をかましていて、ちっともいただけない。こうしてあらかじめストックされている言葉をサラダバー的に調合して、ベルトコンベアに流すように自分だけの花嫁の手紙は量産されていく。花嫁の手紙がいたって平凡なのは、サンプルがいたって平凡なのに、その平凡さを特別なものとして享受《きょうじゅ》したつもりになるからなのだろう。

このサンプル文掲載にあたって、「ゼクシィ」は花嫁の手紙のポイントを「育ててくれた親への感謝の気持ちを素直に言葉にすることを重視して」とする。書き出しについての注意事項として「最初は『お父さん、お母さん』といった呼びかけがスタンダード。どんな言葉で始めるかで、印象はがらりと変わるもの。『今までありがとう』『心配かけてごめんなさい』と語りかけるような言葉を盛り込むのもおすすめ。しんみりは苦手という人や文章に自信がない人は『初めて手紙を書きます』とひと言を添えても」と書く。

育ててくれた親への感謝、この言葉をスムーズに受け入れられない。全《すべ》ての子は、全ての親に感謝をしなければいけないのだろうか。いわゆる普通の結婚式をする人は、いわゆる普通に親に感謝できる子であることが多い。しかし、それは「普通ではない」への想像力を欠いている。

まだ個人情報に対する感覚も鈍かった中学の頃、学年全員分の住所と電話番号に加えて、両親の名前が載った電話帳が新学期の度に配られていた。その電話帳を眺めて真っ先に気になるのは、片方の親しか記載されていない同級生の存在だった。お父さんがいてお母さんがいるのが自分の中では当たり前だったから、そんな同級生に対して、遠くから下世話な目線を向けていた。離婚したのかもしれないし、死別したのかもしれない。電話帳に欠けている親の存在にイレギュラーを先んじて察知して、とにかくあの子は〝イレギュラー〟な家庭なのだと頭に植え付けていた。今やこの電話帳の存在は個人情報保護の観点からは大問題だろうが、二人の親が揃《そろ》っていない場合もあること、日本人ではない場合もあること、少なからずその多様性について、黙々と知ることができた。

ゼクシィの「書き出し」文例集の冒頭にあるのは「お父さん、お母さん、嫁ぐ日を前にふたりへ宛《あ》てた手紙を初めて書いたので、聞いてくださいね。26年間、今まで私を育てていただいて本当にありがとうございました」だ。この〝レギュラー〟は時として暴力にすらなる。お父さんと、お母さんがいて、その両親が必死になって育ててきたんだよ、という家族の前提。日頃は、さすがに古臭い概念だとは気付いているものの、こういったおめでたい場所になればなるほど、この手の一般例は晴れの日だからと許容され、勢い良く発動する。パブリックなシチュエーションになればなるほど、家族観がすんなりかつてのスタンダードに戻っていく。

家族は家族を敬うべきだと思うが、必ずしも敬う必要はない。育ててくれたのならありがとうを言うべきだと思うが、必ずしもありがとうを言う必要はない。家族のあり方を規定しすぎる働きかけは善良な顔をした暴力になり得る。

「家族は、社会の自然かつ基礎的な単位として、尊重される。家族は、互いに助け合わなければならない」

二〇一二年に自民党がまとめた日本国憲法改正草案にはこんな記載がある。家族の助け合いが「なければならない」と強制されている。体じゅうをタバコの焼印だらけにされたトラウマを持つ息子も、母親の過干渉からようやく独り立ちした娘も、再三注意を促すも悪事に手を染め続けてきた息子を持つ親も、家族であるのだから互いに助け合わ「なければならない」のである。第二四条の「家族、婚姻等に関する基本原則」の冒頭に唐突に加わるこの一文と、ゼクシィのサンプル文「今まで私を育てていただいて本当にありがとうございました」はスタンスを共有している。法規と模範回答とが仲睦《むつ》まじく同化している。

現行の憲法はどうなっているのだろう。「婚姻は、両性の合意のみに基いて成立し、夫婦が同等の権利を有することを基本として、相互の協力により、維持されなければならない」「配偶者の選択、財産権、相続、住居の選定、離婚並びに婚姻及び家族に関するその他の事項に関しては、法律は、個人の尊厳と両性の本質的平等に立脚して、制定されなければならない」である。現行は「夫婦は協力して婚姻関係を保ちましょう、でももし難しければ、その時も平等にやりましょうね」という方針。ところが、自民党の改憲案では、家族は「社会の自然かつ基礎」であり、「互いに助け合わなければならない」と明記されている。法律が「ならない」という口を持ったからには、「できない」時への対応が新たに生じる。その対応とはいかなるものになるのだろう。

父がいて、母がいて、子どもがいる。その当たり前を伝統的家族像として設定する政権は、「面倒だしやっぱり育児は女性がやってよ」という内心を「3年間抱っこし放題」と名訳して再度宣言してみせた。役割分担の押しつけが堂々と闊歩《かっぽ》している理由を訪ね歩くと、「オフィシャルな時に外向けに使う家族観」に行き着く。ゼクシィが「育ててくれてありがとう」をサンプルとして提示し、一生に一回（の予定）だというのに、コピペの手紙で涙を流すように働きかけてくることは、結果的に家族観を貧相に、そして一元的にする。

今、「1／2成人式」という学校行事が全国に広がっている。成人式の半分、一〇歳の時に親子で参加する式典だ。子は親に感謝をし、親は子に感謝をする。幼少期の写真を見せて、名前の由来を親が発表する。キャンドルサービスでお返しする子ども。生まれてから一〇歳になるまでの思い出を語るコーナー。教育というより罰ゲームに位置付けられる企画だと思うが、ベネッセのアンケートによれば、九割近くの親が「満足」と答えている。

「子どもからわたしたちに対する感謝の気持ちを伝えられ、夫婦で涙しました。普段はなかなか聞く機会がない子どもの思いを聞くことができて、とても良かったです」「自分が家族にどれほど誕生を祝福され、健《すこ》やかな成長を期待されてきたかを伝えるために、お腹《なか》にいるとわかったときのよろこび、難産を乗り越えて対面したときの感動などを話しました」と、素直な感想が並んでいる。

ジョン・レノンじゃないが、想像してごらんなさい。一〇歳の時点で、親が替わっている子もいれば、親との死別を乗り越えようと踏んばる子も、「両」親には感謝できない子もいる。本当は親が大嫌いなのに、無理やりに良さげな手紙を書いている子どももいるだろう。満足したのは九割という数値が、満足していない一割の存在を明らかにしているが、その子どもたちへの配慮は皆無。全くの正論を垂れると、教育とは、九割に向けてではなく、一割にも目をやることを教える時間・場所ではないのか。「イジメられる側にも問題があるのでは」「虐待《ぎゃくたい》は連鎖するから」、この手の紋切型がいつまでも繰り返されるのは、教育が堂々と残りの一割を放ってきたからだろう。ゼクシィが「育ててくれてありがとう」をサンプル文に入れているのも、彼らが九割を相手に商売しているから。この常套句《じょうとうく》は、彼らにとってみれば、顧客を最大化させる上で妥当性がある。

田房永子《たぶさえいこ》はコミックエッセイ『ママだって、人間』（河出書房新社）の中で、子どもを産んだ直後、赤子を抱えて、「大変なものを生んでしまった…」と青ざめる。この可能性を、教育は、両親への手紙のサンプル文は、教えてくれない。目の前にいる子どもを無事に育て上げることが母親の既定路線としてそびえ立つ世の中では、ママだって人間ですとは言わせてくれない。はいはいはい、と一回でいい「はい」を連発して、あんたのことを考えている場合ではないでしょう、この子のことを第一に考えなさい、あんただって、あんたよりこの子が大事でしょう、と小さな違和がたちまち踏み潰《つぶ》される。

子は親の生き写しではない。おおよその場合、親は子を育てるが、育てないこともある。多様性を、ありきたりの式次第や取って付けたような感動で踏み潰す動きに対して慎重になりたい。「育ててくれてありがとう」にハンカチを濡《ぬ》らす前に、残りの一割に対して敏感でありたい。そのためにも、つまり家族のパターンを確保するためにも、結婚式のスピーチ各種くらい、サラダバー的な他人任せの素材で作り上げるのではなく、ご自分の言葉でお願いしたい。日に何本もの式をハシゴしているこなれた司会者に、「明子さんの思い、今、お母様に伝わりました」と片付けられないようにしなければいけない。明子さんの言葉は、大抵の場合、お母様に届くけれど、届かないこともある。届かせるべきではないこともある。この当たり前を獲得しなければいけない。

03

ニッポンには夢の力が必要だ

カタカナは何をほぐすのか

うまいこと招致が成功してしまった二〇二〇年東京オリンピック・パラリンピックの招致スローガンは「今、ニッポンにはこの夢の力が必要だ。」だった。プロテインの代わりに、いや、おそらく併用で「夢」を飲み続けてはこのニッポンでサヴァイブを繰り返すEXILE的なセンスに満ちた、上滑りなスローガン。

スローガンに続く、宣言文のテキストが徹底的に浮ついている。この手の文章がそれなりのIQを持つ面々だけが集う会議で幾度となく揉《も》まれた結果として、「よぉ～し、これでOK！　今日は飲みに行こう」と繰り出した日があったと想像すると、ニッポンの国語力を心の底から憂《うれ》えたくなる。

現代文のテストにありがちな問い、「以下の文章を読み、書き手が最も伝えたかったことは何だったのか、二五字以内でまとめなさい」に臨むつもりで宣言文をゆっくりと精読していただきたい。

今回私たちが招致活動を進める信念、ニッポン復活のためのオリンピック、ニッポン復活のためのパラリンピックです。
大会が実現すれば、それは、震災からの復興を目指す私たち日本国民にとって、明確な目標と団結をもたらします。そして、支援を寄せてくれた国際社会に対して、感謝の気持ちを示せると共に、スポーツの力が、今困難に直面している人々を励まし、勇気を与えられるということを証明することができます。

はい、二五字以内で答えます。
「これくらい前のめりに訴えるんだから納得して、お願い」（二五字）
辛うじて意味は通る宣言文。しかしながら、ネットの翻訳機能で英文を無理やり日本語に変換したかのような接続の悪さが、随所に残っている。順接の接続詞「そして」以降の読点の多さは、何でもかんでも詰め込んだ挙句、文章の主述関係をぐらつかせたまま堂々と閉じてしまう、ザ・官僚の悪文だ。「勇気を与えられるということを証明すること」の「こと」の連続は、スローガンには不向きである。「勇気を与えられることを証明できます」でなんら問題はない。

強調したい事柄をここまで連鎖させてしまっては伝わるものも伝わりませんよと、誰か一人だけでも考えなかったのだろうか。目標、団結、感謝、励まし、勇気を詰め込んだ上で、それぞれの言葉に適切な役割を持たせるのはよほどの文才がなければ困難だし、性質の似ている言葉が持つ差異をちっとも説明しないままだから、波状攻撃なのか、トッピング扱いにしているのか確証が持てない。これらの言葉をそれぞれ辞書で引けば、その説明文として他の言葉が登場してしまい、ぐるぐるスパイラルして、夢を見るどころではなくなるだろう。

招致成功後、借りた五〇〇〇万円に見立てた発泡スチロールをカバンに詰めたが惜しくもチャックが閉まらず都知事を辞任することになった猪瀬《いのせ》直樹《なおき》は、東京五輪開催が決定した直後のインタビューで「これで希望を作ることができる」と紅潮した顔で答えた。

先ほどのメインスローガンを頭に残しながらこの発言を解析すると、必要とされていた夢が手に入り、これで希望が作れる、ということになる。剣や盾を手に入れてボスを倒しにいくのがロールプレイングゲームの鉄則だが、この五輪の物語は、夢を手に入れて希望を作るというのだから、ゲーム会社がコンテンツ化を躊躇う曖昧《あいまい》さだ。空虚が空虚を捕まえている。

「石原慎太郎が『いまの若者に夢がないのが心配でならない』としきりに言ってましたけど、夢がないんじゃなくて、彼は夢がばらけるのがイヤなんですよ。みんなで同じ夢を見てほしいと考えていて」と小田嶋隆は言う（内田樹・小田嶋隆・平川克美『街場の五輪論』朝日新聞出版）。

石原から指名を受けた猪瀬もまた、夢をばらけさせたくなかった。夢と希望をばらけさせないように、でき得るかぎりの方法で一致団結をアピールして、都民にドーピングする。石原から踏襲したその手法の手助けとなったのが、東日本大震災を受けて個々人が多かれ少なかれ受け止めてきたマジックワード「立ち上がろう」だった。五輪に投じたつもりではなかった各々《おのおの》の「立ち上がろう」が、いつしか大きな国策に転用されていた。「どうだ、やりたいだろ」と胸ぐらを摑むかのようだった石原より、民意を動かす作業は易しかったに違いない。

この招致の言葉はどうして通じてしまったのだろう。勢いだけでちっとも実態にそぐわない言葉だとすぐさま気付けるはずなのに、ついつい雰囲気で受け入れてしまった事実が苦々しい。盛大なくせしてあやふやな言葉を連発する側は、盛り込みすぎたスローガンが積み上げた「そぐわなさ」を、どうにかして「やわらかさ」に変換する策を練る。

漢字をカタカナにほぐすのは、「やわらかさ」を担保する常套《じょうとう》手段のひとつ。先のスローガンでひとまず「日本」を「ニッポン」としてみせたのは象徴的な例だ。五輪招致に失敗した石原都知事の時代、メインスローガンは「日本だから、できる。あたらしいオリンピック！」だった。

口癖のように「三国人」を使い、「支那《しな》」と戦争して勝つと豪語してきた首長らしい強気のスローガンだったが、彼のアジテートがたちまち需要を上回って溢《あふ》れ出て供給過多になっていた中での「日本」では、国民が動かなかった。エネルギー補給のように隣国への悪口を繰り返している現在とは異なり、「日本」という主役が投じられても「できようが、できまいが、どうぞご自由に」と、自分はそのターゲットにはあらずとしらける余裕があった。

この度の東京五輪招致は、「日本」から「ニッポン」への変換が、中枢から醸成された空気とうまいこと馴染《なじ》んでしまった。開催地が決まるまで、五輪招致の最大の課題は、国民の関心の低さにあった。原発事故の後処理が目処《めど》すら立たない中、大祭典を呼び込むか呼び込まないかで頭を悩ませていること自体、どうかしているのではないかという真っ当な国民感情を揺さぶるために、「だからこそ」という誤用気味の接続詞を繰り返し使った。「だからこそ五輪を」と、決して効果的とは思えなかった接続詞の連呼に「福島はアンダーコントロール」という大ボラをドッキングして国民感情をオリンピックへとシフトさせていった。この「だからこそ」は原発輸出にも使われていて、あれだけの事故に遭った、「だからこそ」もう安心ですと言いふらす。妻を殴るＤＶ夫が翌朝、「もうしない」と平謝りしている姿。「あれだけ殴った人が謝っているのだから、あなたの反省はよく分かりました」と頷《うなず》いたところで、連日連夜同じことが繰り返される。

招致前までは辛うじて過半数に届くくらいだった招致賛成票、いざ決定してしまえば世論の期待値はたちまち高まり、招致決定後には「開催地が東京に決まったことを『良かった』と思う人は八三％に上り、『そうは思わない』の一三％を大きく上回った」（『読売新聞』二〇一三年九月一六日）というのだから、そんな世論の安っぽさに頭を抱えていたら、橋本聖子はその間に髙橋大輔に無理やりチューをしていた。五輪に期待することへの返答にも二の句が継げない。「経済の活性化につながる」（八六％）、「東日本大震災からの復興に弾みがつく」（六二％）を上回り、「国民に夢や目標を与える」（八九％）が最も多かったという。「国民に夢や目標を与える」という回答を国民が投じるシュールさに疑いを持てないのが寂しい。夢や目標は、いつから国から国民への配給制になったのだろうか。

見事なまでに短期間に印象をコントロールした人の勝利。「日本」から「ニッポン」へほぐす、緩め方の勝利だ。

「今、ニッポンにはこの夢の力が必要だ。」を「今、日本にはこの夢の力が必要だ。」と書き換えてみると分かるが、ニッポンを日本にすることで親しみやすさはだいぶ薄れ、たちまち石原的排他心が高まってしまう。日本は国のものだが、ニッポンはみんなのものだ。そんな定義などあるはずもないが、いつからかそういう佇《たたず》まいを素直に引き受けるようになった。スポーツ中継の告知では、みんなの結束を高めるために「ニッポン」がしばしば使われる。絶対に負けられない戦いには、ニッポンが似合う。俺たちも一緒になって戦うニッポン。

日本とニッポン、その差はヒエラルキーとして読み解ける。「日本」は「国家を運営する側 with 私たち」だが、「ニッポン」は「私たち with 国家」というパワーバランスになる。「日本のジレンマ」は偉い人に任せきりでも、「ニッポンのジレンマ」とくれば僕たち・私たちで語らなければいけない。もともと国家を定義付けることなど難儀であるけれど、あたかも個々人を主役に置いてくれるニッポンは、国家の定義付けをはっきりさせないまま稼働《かどう》させることができる。スマートに人を動かす、どれだけ食べても胃もたれしない、カロリーオフ・ワード、ニッポン。伸び悩む賛成票を手早く得るために必要なのは、五輪の主役を、国家から個人にスライドさせることだった。そこらじゅうをバリアフリーにするとか、コンパクトな五輪を訴えるとか、他の候補国の欠点をほのめかすといった取り組みよりも、数値を稼ぐためによほど必要なアプローチだった。

「国民に夢や目標を与える」の八九％は実際のところ、自分たちよりも真っ先に国家に夢を与えてしまい、招致決定後の消費税増税の腹づもりを支え、「事故に対処した私たちこそ安全」とする、いかがわしさ満載のエネルギー政策をことさらに下支えしてしまった。石原が元気にできなかった「日本」を、猪瀬は「ニッポン」で手に入れたのだが、残念なことに、発泡スチロールがカバンに入らなかった。

「ネコノキモチ」「猫の気持ち」「ねこのきもち」のどれが一番人間の気持ちに届くのか。「猫の気持ち」と格式張ると、猫から「ずっとマンションの一室にいるのはキツいので、さすがに週に一度は外へ出て昔の友達に会いたいのですが」などと生々しい相談を受けるのが似合ってしまう。「ネコノキモチ」は伸び悩む女性シンガーソングライターの楽曲のようだが、猫という具象を取り扱う場合にはいたずらに間接性が強まってしまう。「気持ち」のようにすでに精神性を含んだ言葉は、平仮名にほどくことで、受け取る態勢を和らげる。「ねこのきもち」が正解なのだろう。漠然としたスローガンを「にっぽんにはこの夢の力が」とまでほどくのはやりすぎだ。こうして漢字、カタカナ、ひらがな、と日本語は表記だけで企《たくら》みを横断させる。コスモ石油は長年「ココロも満タンに」をスローガンにしてきたが、そのスローガンを悪用するならば、「ココロ」には、あたかも体にガソリンを注ぎ入れるかのように、足りなくなった「心の善玉」をいそいそと補給している感覚が満ちる。「心」ではなく「ココロ」。「心」ってどこか押し付けがましい。補充できるポップさが感じられないのだ。

高橋秀実『トラウマの国 ニッポン』（新潮文庫）に、二〇〇二年四月からスタートした、いわゆる「ゆとり教育」を受けていた小学生に対して行なったインタビューが収録されている。生徒たちの醒《さ》めた反応が記されていたことを思い出した。ちょうど今ごろ成人を迎えた世代だ。

――「総合学習」はどんなことやってるの？

私がたずねると、ひとりがこう答えた。

「心のノート」

「出た、心のノート！」

子供たちは大爆笑。

——他には？

「学校の環境を考える、とか」

「うわっ出た、環境」

と歓声を上げた。

「福祉」「環境」「国際理解」「心」などが、大人たちの〝流行《はや》りもの〟〝空文句〟であることを子供たちはきちんと見抜いていた。

このテキストが書かれてからもう一〇年以上経過しているが、この間に大人たちの〝流行りもの〟が影を潜めたかといえばそんなこともなく、形を変えて現れたという見方が正しい。変換後の姿は押し並べてポップなカタカナワードだ。「福祉」は「ノーマライゼーション」、「環境」は「エコ」、「国際理解」は「グローバル」、そして「心」は「ココロ」へ。とにかく漢字をほぐす。馴染まない外来語であってもかしこまった漢字をほぐすことを優先する。器を変えても中身は一緒。屋号は変えても従業員は一緒、という小賢《こざか》しい商法だ。摘発を逃れるために業務形態をしょっちゅう変える風俗店のごとき応対。

大上段に構えた言葉は、たちまち、説教臭い上から目線とジャッジされて嘲笑《ちょうしょう》に辿り着く現在、五輪でも教育でも政治でも、カタカナは残された歩み寄りのシルシなのだろうか。俗世間とは違う、と洒落《しゃれ》っ気を捏造《ねつぞう》するために計画的に横文字を使う時代から、世間に歩み寄るためにカタカナに頼る時代へと変わってきている。過剰に空気を読みすぎるニッポンの風土は、ふとした言葉遣いに投影される。はっきりモノを言わない日本人は、断定を避け、可能性を提示して同意を求める。

とはいえ、夢とか希望といった言葉はユメやキボウにはならない。それらは、自分や物事の起点ではなく行き先として設定されるから、どれだけ曖昧でも、そのまま自信を持って言い放てるわけだ。ココロのようにほぐす必要がない。そう考えると、「今、ニッポンにはこの夢の力が必要だ。」というスローガンは良く出来ている。曖昧に曖昧を掛け合わせてリアルを造型した（つもりの）メッセージは、ほら、こうして招致に成功し、実際に響いてしまったのだ。

日本とニッポンとJAPAN。日本（石原）とニッポン（猪瀬）とJAPAN（EX

ILE）とカッコで所属を続けてみると、そのどれにも所属したくなくなってしまう。どうすればいいのだろう。ご存じ、少し前の自民党のスローガンは「日本を、取り戻す。」だった。先ほど、「日本」は「国家を運営する側with私たち」だが、「ニッポン」は「私たちwith国家」と書いたように、政党が取り戻すのは「日本」で、そのためにも「ニッポン」をまとめあげて、マッチョなヤングたちに「JAPAN」を壮大な物語として打ち出してもらう。

郵政民営化の際に「郵政民営化TVキャラバン」なる企画を発案したのは竹中平蔵だが、彼が癒着《ゆちゃく》しているとされた広告会社スリードが作成した「郵政民営化・合意形成コミュニケーション戦略（案）」は、その後、適菜収『日本をダメにしたB層の研究』（講談社）等でB層を議論するとっかかりとなった。

そこに示された座標軸は、縦軸にIQ（知能指数）、横軸に、当時の小泉純一郎内閣の構造改革路線に賛成か否《いな》かを置き、四つの象限のうち、「IQが低い＋構造改革に賛成する」層を「B層」とし、この層を「主婦層＆若年層」「シルバー層」「具体的なことはわからないが、小泉総理のキャラクターを支持する層」と想定した。

選挙報道で投票日の一週間ほど前に必ず繰り返される「なお、まだ投票行動を決めていない無党派層は○%もおり、その動向によっては、形成が逆転する可能性も残されている」というアレはつまり、このB層を指している。最後の最後までほとんど何も考えようとしない人たちを判断させるためにはことごとく柔らかい、知らぬ間に体に入り込んでいくような物言いを心がけなければいけない。「日本」や「ニッポン」や「JAPAN」の横断はそのあたりの企みに似ている。

竹中が推し進めた郵政民営化のパンフレットで、テリー伊藤に「竹中さん、郵政民営化ってぼくにもよくわからんのよ、ちゃんと説明してよ」と問わせて、「喜んで（笑）。郵政民営化って、わたしたちの町と暮らしを元気にするためのもの」とサラリと答える竹中は、国民を操縦するためにどのようにしてレベルを下げればいいのか、その方法を熟知していた。何でもかんでもそこへ集約させるきらいがあるが「マイルドヤンキー」なる言葉の広がりにもこのB層のエッセンスは付随していて、「難しいことわかんねぇけど熱いモノには反応するっす」という直情型の需給関係が、ニッポン全体を日に日に牛耳っていく。

さる居酒屋チェーンが運営する「東京チカラめし」という牛丼屋《ぎゅうどんや》は大規模出店の後に大規模閉店を遂げた。個人的にはただただ味が厳しいように感じたが、「チカラ」というネーミングセンスは悪くなかった。漢字の「松屋」や「吉野家」に対抗してきたのが、ひらがな込みの漢字の「すき家」と「なか卯」。再編を狙う〝第三極〟としてカタカナの「チカラ」を使ったのは差別化には効果的だった。しかし、どうにも味を追い求めることを忘れていたようだ。

このようなカタカナネーミングはあちこちで幅を利《き》かせている。その効能には、少なからず「歩み寄り」が含まれている。ならばこちらは、あちこちがカタカナ化で翻《ほん》弄《ろう》や収奪を試みてくる可能性を肝に銘じておきたい。その意識を持つだけで小手先のプロモーションに騙《だま》されにくくなる。

人の心、じゃなかった、人のココロをほどこうとするカタカナ化は、稚拙な言語表現の居場所を指し示すシグナルにもなり得る。軽薄な歌詞を量産するJ‐POPグループ、ソナーポケットのシングルタイトルが、「アリガトウ」「ネバギバ！」「キミ記念日〜生まれて来てくれてアリガトウ。〜」であることから分かる……と適当なオチに辿り着いたところで閉じようと思ったら、その後の彼らが投じたシングルのタイトルは「ai」。愛でもアイでもＬＯＶＥでもなくai。一枚上手の軽薄さよ。カタカナ化の次はアルファベットの小文字かと監視を始めねばならず、このあたりの落としどころを探すのは難しい。言葉はこうしてどこまでもふにゃふにゃにほぐされていく。言葉はいかようにも体つきを変えるべきだからそれ自体は歓迎するものの、その都度騙されてはいけない。あちらは騙すつもりもなくココロの底からマジだったりするものだから、淡々と受け止め続けるのは容易ではない。

04

禿同。良記事。

検索予測なんて超えられる

道端に落ちている軍手はなぜ片方なのかと疑問に思い、若手芸人と軍手のもう片方を探し歩いてみたエピソードをラジオで語っていたのは伊集院光だった。思えば、そこら辺に転がっている子ども靴も片方であることが多いが、このように、なぜそこに存在しているのかが分からないモノはいくらでもあるし、その理由が分からないモノを、分からないままの状態で残しておくのは、この世界を豊かに保つことでもある。木々に囲まれた公園で両足揃った靴が転がっていれば、まさかねと思いつつも、辺りの木々を見渡してしまう。しかし、なぜだか転がっている靴はおおよそ片方で、こうなると戸惑うのみで次なる行動に移ることもできない。この片足の靴には、行き着く先が用意されない。

お笑い芸人・中川家《なかがわけ》礼二《れいじ》のネタに「職業不詳の大阪人」がある。気怠《けだる》そうに咳《せ》きこみ、痰《たん》を過剰にからませながら、鳴り響く携帯電話に嫌々出て、「先方がごちゃごちゃ言うてんのなら、大国町のマンションに二〇〇万もってこい言うとけ」とガナりながらデッカい痰をペッペッと吐き捨てる。この男を実際に見たことはないけれど、どこかで見たことがあると思わせる光景だ。この大阪人の職種や人となりを詳しく探し当ててはいけない。職業不詳・住所不定だからこそ、笑いのネタとして「あるある」との反応が生じる。地上げ屋か借金取りに違いないのだろうが、特定してしまえばたちどころに面白みが消えてしまうのである。

インターネットの検索能力の進歩が語られる度に、伊集院光と中川家礼二の二つのアプローチが頭をよぎる。つまるところ、検索能力がどれだけ進歩しようとも、捨てられたことに意図を持たない軍手のもう片方は探し出せないし、あえて特定されることを避けた、どこかにいそうな大阪のオッサンを絞り込むこともできない。軍手にICチップが埋め込まれることはこれからもないだろうし、どこかにいそうな大阪のオッサンは、特定されるだけの諸条件を提出してこない。「なんかいそう」なだけ。検索を繰り返しても辿《たど》り着けない。

「ネットは階級を固定する道具です」と始まる東浩紀《あずまひろき》『弱いつながり　検索ワードを探す旅』（幻冬舎）は、他者の規定した世界＝ネットを逃れるには、グーグルが予測できない言葉を手に入れるべきだし、そのためには検索する場所を変える必要がある、と説く。先に予測されてしまうあちらの想像力から逃れるために、自分の体に内在していなかった検索ワードを絞り出す旅が必要なのではないか、とする。ネットとリアル、と区分けするのではなく、「より深くネットに潜るためにリアルを変える旅」をせよ、偶然に身を委《ゆだ》ね、発生した偶然から検索ワードを抽出し、外在の知恵を得よ、というメソッドを提示した。

伊集院光が探した軍手、中川家礼二が真似《まね》る大阪のオッサン、どこかに存在するのだろうけど偶然性の中で自由に泳いでいるモノやヒトは、検索からまだまだ平然と逃れている。もしかしたらそんなモノやコトなど存在しないのかもという可能性すら残している。世界が全てつながったかのような錯覚に陥らせる検索にすがらずに、体を動かして検索ワードを変えていく旅は有用に違いないが、そうやって体を遠くまで持ち運ばなくても、予測されていないものは日々の生活のそこら辺に平然と転がっているという見方をまだまだ崩すべきではない。

自分の周りの世界、すぐそこに広がっている世界はそこまで整理されていない。街の文脈に馴染もうとしない、むしろ率先して逸脱していく用途不明の建造物を「トマソン」と名付けた赤瀬川原平ではないが、検索の文脈から逸脱するモノやコトを発見して愛《め》でていくのは、そこまで困難なことなのだろうか。検索の場所を変える前に

「とにもかくにも検索」という身体を一旦《いったん》解きほぐし、そこら辺を歩き、その後で改めて検索すれば、ありきたりの検索からは平然と逃れられるのではないか。

ネットのトレンド検索ワードには、時折「安部首相」「柴崎コウ」「森山直太郎」といった誤字がそのまま拡散されてエントリーしてくる。このしばらくの間、安倍晋三は大量に安部晋三として誉められ罵られ、柴咲コウはみんなに柴崎コウとして美貌《びぼう》を称《たた》えられ妬《ねた》まれ、森山良子の息子は一旦森山直太朗ではなくなる。

画一化するロードサイドの風景は「柴崎コウ」的である。本物っぽければ、本物でなくてヨシ。本来求められているのは「柴咲コウ」なのにみんなが「柴崎コウ」でヨシとしているから、「柴崎コウ」のまま街づくりを進めてしまう。個性に欠ける店の並びが、本物ではない気配を許しながら多量に配置されていく。「これで良かったんだっけ?」と誰に確かめるでもなくコピペが続く。新たに街づくりが提唱される時、その路肩に「もう片方の軍手」が転がっている可能性に目をやることができるかできないか。画一化から逃れる方法はやっぱりそこにある。

検索とはつまるところ「前例」の集積だが、街づくりも「前例」に則《のっと》るからこそ同じ風景が集積し、余白や可能性が浮上しにくくなる。ソーシャルメディアの役割について、依然として讃《たた》えるにしても、もはや新たな可能性はないと退けるにしても、既存のソーシャルメディアを強固な「前例」として活用しすぎではないか。信奉しすぎではないか。このことに違和感がある。検索予測から逃れることなど、まだまだ容易ではないか。

『週刊朝日』編集長を務めた扇谷正造《おうぎやしょうぞう》は、雑誌の企画に困った時、机の左側に『文藝春秋』『中央公論』などの総合誌を置き、右側に婦人誌・女性誌を広げ、それぞれの目次を開いて、目をつぶって「エイ、ヤッ」と左右の指で指したという。すると、『中央公論』から天皇制、『主婦の友』からおいしい朝食という企画が出てきた。これをくっ付けて、「天皇の朝食」という記事を作れば新たな特集が生まれる、と斬新《ざんしん》な企画を生み出すノウハウを語った。ただし、部下の前でそれをやってはならず、家でひっそりやって「編集長はなぜこんな企画を考えたのか分からない」と部下に思わせるようにしなければいけないと続けている。この発想法は検索することから逃れ続けているし、実際にこの手法を使えば、データベースや検索が想定していない着眼を得ることができる。

検索を使うにしても、この「天皇の朝食」と同じアプローチは有効だ。アイドルの名前を入れれば、例に漏れず「整形」「ヤリマン」「巨乳」といった連想キーワードが出てくるが、これらの検索予測に抗《あらが》うために、その逆の「美肌」「処女」「貧乳」と入れるだけでは弱い。「逆説」は、検索が「関連性」の次に得意とするところだ。ならばここにかかわりのなさそうな「特定秘密保護法案」「円安ドル高」「ファイナンシャルプランナー」などと打ち込んでみれば、名前を検索されたアイドル、検索したこちら、検索を引き受けたグーグル、この三方向を総じて戸惑わせることができる。強いつながりを弱いつながりに緩和させることができる。

試しに「前田敦子　特定秘密保護法案」と検索すると、藤原紀香が『しんぶん赤旗』に登場したとの情報が入ってくる。思ってもみなかった検索結果だ。一秒経《た》たずに「紀香の弁舌」を手にしたこちら。グーグルが誘い出す「前田敦子　熱愛」から導かれる歌舞伎《かぶき》役者との熱愛からは全く逸《そ》れた帰結を得ることができるわけだ。用意された検索予測を回避するのは、むしろ同じ場所で同じキーボードを叩《たた》き続けることではないか、とも思う。

道端に転がっている片方の軍手に想《おも》いを馳《は》せる。私たちはまだ、どこかに転がっているはずのもう一方を検索で見つけることができない。辿り着けない。人ひとりの想像力の無限性は、この、どこに転がっているか分からない軍手が約束してくれる。ならば想像力を担保するために真っ先になすべき行動は、土地を移動することではなく、近場にある想像力の無限性に挑むことではないか。

検索依存は、「検索可能性」依存を招く。いつ検索されるか分からない可能性が生む譲歩だ。ネットでニュースサイトを運営する編集者から泣きつくようなメールが届く。慎重派の編集長が、記事をすぐに「グレー」と判定し、掲載を止めたがるのだという。「グレー」とは編集長にとって「ネガティブに検索されてしまう可能性」を指す。編集者が言う。

「ネットメディアにいてしみじみ思うのが、検索の怖さなのね。記事を出しても、それが一時のことでは終わらないから。記事をアップしてSNSからの流入が一通り途絶えた後も、検索からの流入は来続けるわけ。一度出した記事はそのサイトが存在するかぎり、半永久的に読まれ続ける。ネットメディアって、自分たちで『これはいつネガティブな形で検索されるか分からない』という懸念《けねん》が残る記事に対して、できるかぎり排除する方向で動くわけね。いつ誰からいちゃもんを付けられるか分からない、という理由で。

だから思うんだよね、ネットメディアはもはや紙メディアよりも狭量じゃないかって。そりゃあ、権利とか関係ないぜ、いちゃもん付けられたら謝りゃいい、みたいなネットメディアも多いけどさ、〝キチンと〟しようとする媒体はどこまでも慎重になることで〝キチンと〟を作り、保とうとするわけ。でもそれって、キチンと、なのかなって。判断というよりは自主規制と言ったほうが正しいでしょう。こういう自主規制が、文化とか世相をねじ曲げちゃうような気がしていて」

　懸念が残るものをごく自然に排他する、この流れを安っぽく許容してはいけない。賛同について、その具合を問わずにとにかく「いいね！」に統一していく今、全面的賛同には至らないけど賛同したい部分もあるという「それなりに読ませたね！」や「まあまあいいね！」の存在は認められていない。だからこそあらゆる案件において白と黒の色分けが加速する。検索に怯《おび》えている（という動詞が適確だろう）ネットメディアは、グレーな部分を残してしまっては、後々になって白が黒になったり黒が白になってしまうかもしれないと先回りして警戒する。しかし、あらゆる真相は、黒や白の単色ではなく色が混じり合っている。どちらかの色に寄せたがるのは、それはただただ彼らが半永久的な「検索可能性」に怯えているからである。臆病《おくびょう》であり、怠惰だ。

　確かに検索は怖い。かつて示した見解であろうとも、解凍した魚を鮮度抜群と記して売り出す魚屋のごとく、あいつはこんなことを言っているぜ、とライブに拡散し直される。安倍首相が安部首相としてバラまかれる場所では、初出年月日に目がいくはずがない。

グレーを怖がると、黒を白ではないかと言い、いいやアンタの白こそ黒ではないかとする対論が暴走する。炎上及びそれに伴う罵詈《ばり》雑言《ぞうごん》がネットの非として語られることは枚挙にいとまがないが、本当はグレーなのに、黒と白のどちらかに押し込んで必要以上に劇薬化させてしまうから炎が上がる。インスタントな譲歩で事を済ます行為の連鎖が、方々で過剰な争いを引き起こしている。

著書『わかりあえないことから　コミュニケーション能力とは何か』（講談社現代新書）で平田オリザは「『伝えたい』という気持ちはどこから来るのだろう。私は、それは、『伝わらない』という経験からしか来ないのではないかと思う」と書いた。演劇の世界では、意思伝達に「〜ない」が不可避となるという。

舞台の袖《そで》から入っていくが、すでに舞台にいるAさんとは特に「話さない」。話をしたかったはずのBさんはそこには「いない」。限られた空間を仕立て上げるのは「〜がある」「〜と話す」だけではなく「〜がない」「〜と話さない」でもあるのだ。

ネットの世界は、「〜がない」を認めない。あれもこれも「あるんですよ」と、「ある」ことの存在証明を繰り返してくる。あるorないではなく「ありました」しか起き得ない。こうなると、どのように「ある」のか、の結果に応じてサークルができる。群れができる。「ない」に対しては議論が起きにくい。物事Aを「ある」と認める人々が上手《かみて》で固まっている状態。人々が下手《しもて》に固まり、物事Bを「ある」と認める人々が上手で固まっている状態。この二つのサークル同士が、互いにそんなものは「ない」とは言わない。ひとまずは折角こうして集まったんだしと、「ある」を醸成することに専念する。

となれば、この舞台には「伝わらない」が存在しなくなる。「あるよね」「うんうん、あるね」という、生産的なつながりばかりが繰り広げられているようにも見えるのだが、客席からステージを概観してみると、それぞれが常に「ある」と声に出しているだけで、その舞台上でのディスカッションは一切生じずに、群れと群れが独立していることが分かる。同じ舞台に立っているのに、一方が他方を、いつまでも感知していないのである。

ある物事Aを理解する人々から抜け出て、見知らぬほうの物事Bの側といかにして対話を施していくか。ポッカリ空いた劇場の真ん中に歩み寄って語らいを持つ方法はどのように画策されるべきなのか。そこでのコミュニケーションは一体どのように成り立つのだろう。

「コミュニケーション能力」という言葉がポジティブに信奉されている。『伝わらない』という経験からしか」伝えたい気持ちは伝わらないかもしれないのに、池上彰よろしく「伝える力」だけが盛んに信じ込まれている。

いまいち浸透していないし、浸透すべきだとも思わないが、経済産業省は二〇〇六年から「社会人基礎力」という概念を提示している。これは「職場や地域社会で多様な人々と仕事をしていくために必要な基礎的な力」のことで、就職活動をする学生や企業の採用担当者に対して、「こういうスキルを重要視してみてはいかがでしょう」と提示している。「三つの能力／一二の能力要素」で構成されていて、三つの能力とは「前に踏み出す力」「考え抜く力」「チームで働く力」。「チームで働く力」の筆頭には「自分の意見をわかりやすく伝える力」が挙げられていて、一二の能力要素の一つとされる。

これと対応するかのようなアンケート結果が、日本経済団体連合会が公表している「新卒採用に関するアンケート調査結果」（二〇一四年。企業会員のうち一三一〇社を対象。回答六六〇社）に出ている。「選考にあたって特に重視した点（五つ選択）」の回答結果で、「コミュニケーション能力」が八二・八％と突出しているのだ（次点は「主体性」の六一・一％）。つまり、企業のほとんどが採用時に「コミュニケーション能力」を最重要視している。学生が自信満々に語りがちな「クラブ活動／ボランティア活動歴」は二・七％、これがあれば何とかなるっしょと意気揚々と臨む「語学力」は七・〇％、個人的に自分が採用担当者なら最も重視したい「感受性」は一・九％にすぎない。

企業が求めるのは兎《と》にも角《かく》にも、コミュニケーション能力。とってもざっくりとした便利な言葉だが、具体的にほぐしていけば、そこでは、相対した相手と、相違することなく建設的に正しく話すことができる人物が最低ラインとして設定される。

意見の相違が生じた人といかに対話を施していくか、というメソッドを企業はそもそも考えないし、学生に求めない。感受性など要らない。だからこそ、最低条件は認め合える人間であり、それをコミュニケーションと規定する。しかし、コミュニケーションにおいて本当に必要なのは、そのコミュニケーションの「保有」より、舞台全体を把握する「視野」と、異なる意見を受け止める「態度」じゃないのか。企業が欲するコミュニケーション能力とは、所詮《しょせん》、自分の好きな人々しかいない括《くく》りの中での「保有」で、舞台全体を見渡して、相容《あいい》れない場所にいる人たちとコミュニケーションする必要はいつまでも問われない。横断能力は要らない。ストックする力だ。

ネットに記事を書くと「禿同《はげどう》。」（激しく同意の略語）や「良記事。」といった賛同コメントを残してくれる人がいる。無論、「死ね」「ワロタｗｗｗ」「ブログで済ませろ」「反日ブサヨ」と罵られるより心地良いものであるが、どこが「禿」で「良」なのかを意見せずに、私はこの記事を受け入れましたよと表明だけがなされる。これもまた企業的な「保有」のコミュニケーション能力から来る承認に思える。私はあなたと同じ位置にいます、という承認。

承認欲求は人並みにあるけれど、いきなり飛んできた「禿同。」「良記事。」ってそんなに嬉《うれ》しくない。認めますよ、と認印を押しに来た人の正体を知りたいけれど、確認して、ちょっと自分とズレていたとしても、もはや対話の余地は残されていない。こちらができることは差し出された手と握手するだけだ。握手を拒めば、友達申請を断ってきたよと、仲間内にチクり、さざ波を立てる。「禿同。」や「良記事。」は、必ずしもこちらの意図が伝わったというわけではなく、長いこと住まう居住地域から見渡した視界に、こちらのテキストが心地良く映り込んだだけ、にすぎないのかもしれない。しかし、わざわざ書いたテキストが、誰かの興味の補塡《ほてん》行為に留まるだけではつまらない。対話を促す文章を投じたつもりでいた場合、その「禿同。」はむしろ寂しい。大した議論もしていないのに仲睦《むつ》まじい感じを仰々しい記念撮影で演出するサミットのような虚無感。出たことないけど。

ウェブ媒体の編集者から、しばしば「検索に引っかかりやすいタイトルにしましょう」と提案される。PV主義だから致し方ないとは思いつつも、わざわざ用意された視界に「お気に召すのではないでしょうか？」と差し出すのは、謙《へりくだ》りすぎていて気が進まない。グーグルが予測できない言葉を手に入れるには場所を移すしかないと東浩紀が言うのも、そこらじゅうで固定化されていくコミュニケーションが、舞台の位置取りではなく、いつものサークルに気持ち良く留まり続けることに疑いを持たなすぎているからなのだ。場所を劇的に移さなくても、舞台の位置取りがどうであるか、舞台には誰がいるのか、物事Aと物事Bの間がポッカリ空いているのではないかと見渡す視野さえ持てば、グーグルが予測できないキーワードなんて、いくらでも創出することができる。

劇団「あひるなんちゃら」の関村俊介による三人芝居「OLと課長さん」は、二人のOLと課長が、公園のベンチで弁当を食べながらおしゃべりするだけの芝居。相談がありますと課長をランチに誘い出し、二人のうちの先輩がアイドルになりたいので会社を辞めると言い出し、後輩も先輩が辞めるなら私も辞めると打ち明ける。問題と無問題の狭間《はざま》を延々とループする会話。最近人気のランチ、会社を辞めようと思う、この公園広いね、私の将来の夢、有休くれないなんてブラック企業、牛丼屋に女子一人で入れるか問題、カレーのトッピング……ベンチがひとつ置かれただけのシンプルな舞台上で、偶発的なコミュニケーションが連関していく。ある議題で話し込んだり、互いにじゃれ合ったりする一方で、ある議題では応《こた》えなかったり、ふと、いなくなったりする。

限られた条件でいかにもな日々を引っ張り出す時に彼ら三人に通底していたのは、同意の連鎖ではなくて、非同意の連鎖。つまり、交わりすぎない。結束していても、いつしか霧散する。「何気ない日常を描く」とは純文学作品の紹介文のようだが、何気ない日常はこうして、常にまとまりを持っていない。豊かなコミュニケーションを司《つかさど》っているのは、課長が弁当を買いに行った途端に、すっと静まる二人であり、熱望していた弁当が売り切れだったと知らせた時の、思いの外の無反応だったりする。この時、激しく同意はされていない。群れていない。

日々には、そういった伝わらないコミュニケーションが山積している。ならばそこには、未《ま》だ知らぬ検索ワードが平然といくらでも転がっている。あるいは、検索を受け入れない状態。だからこそ、つながりすぎてはいけない、のではなく、認め合いすぎてはいけない。認めます、という投てきを、時として避けなければいけない。そうすれば、旅に出る前に詮索すべき事柄がそこら辺にたくさん転がっている状態に気付くことができる。

05

若い人は、本当の貧しさを知らない

老害論客を丁寧に捌《さば》く方法

戦後七〇年。あなたは戦争を知らない、だけど私は戦争を知っている、という申し出に「うるせえジジイ（ババア）」と突き返してはいけないことになっているが、もしもその申し出に、私は戦争を知っている（けど、それを改めて考えているわけではない）、あなたは戦争を知らない（けど、考えている）というカッコが含まれているのが明らかならば、「あなた」はひとまず「私」に向かって「うるせえ」と言ってしまって構わないと思う。なぜならばそのほうが戦争は風化しないから。

体験に基づく伝承と、探究で得た知識とを比べる。後者は前者に勝てないように設定されているが、早々に頷くべきではない。E・H・カーは「歴史とは何か」と問われて、現代の光を過去にあて、過去の光で現代を見ることだ、と語っているし、Chim↑Pomは、広島の原爆ドーム上空に「ピカッ」と描いたわけを、自分たちが表現できるのは被爆体験ではなく戦後の平和を生きることの軽さだという問題意識があったからと述べている。つまり今、戦争について「語る資格」をあえて問うならば、それは現代に対する目的意識の有無で測られるべきではないか。つまるところ、体験の有無だけで歴史を語るヒエラルキーが定まり、ちっとも今を検証しない話者ばかりが歴史を語ることに嫌気が差しているのだ。

ロックバンド、ザ・フーが初来日を果たした二〇〇四年のライブ。「ロック・オデッセイ」という一回きりで終わったフェスティバルで初見参したザ・フーはトリのエアロスミスの前に登場した。ライブが終わり、エアロスミスの登場を待つ間、前方の客がわざわざ周辺に聞こえるボリュームで語り始めた。

「やっぱりジョン・エントウィッスルがいないとダメなんだよね。結局、フーってのはさ、キース・ムーン亡《な》き後は、ジョンのベースを軸にしていたわけさ。ロジャー・ダルトリーのヴォーカルも健在だったし、ピート（・タウンゼンド）も年の割に動きは良かったよ、うんうん。でもさぁ、やっぱりジョンがいないと。オレは認めないよ。オレが数年前にアメリカで観《み》たライブは違ったんだよ。いやー、やっぱり、ダメだ、うんうん。ジョンがいないとやっぱり、いやー」

「初来日を観たんだけどね」というフレーズは、数々の若きファンをなぎ倒していく。

「まだ○○がいた時のライブも観ているけれど」も同様の効果だ。体験が記憶の中に保存されている、という状態を前に、新参者は対抗するのを諦《あきら》めるしかない。音源のようにリマスターを重ねていくことはできないから、彼に定着している記憶を受け入れる他なく、当人はそのレア体験の旨味《うまみ》を年々高めていく。彼の「アメリカのライブ」に対して、他者は、外部は、少しも侵入することができない。なまじ、その時のブートレグを手に入れても、火に油を注ぐ結果になる。太刀打ちできない武器を使って、目の前で行なわれたライブを否定しにかかられてしまうと、こちらは相手に聞こえるか聞こえないかくらいの舌打ちをしながらその攻撃を嫌々受け止めることしかできなくなる。

作品については、作った側がいくら黒歴史と閉ざしたつもりでもこじ開けて追体験できる。しかし、経験については経験した側が閉ざしてしまえば追体験することができない。

——本当だろうか。

「戦争を知らない」、そこから派生する「今の若い人は、本当の貧しさを知らない」という言葉の使い方は、その二〇〇四年のザ・フーのライブと同じ仕組み・成り立ちである。そそくさと優等生ぶっておけば、月日の経過とともに失われていく戦争体験

が、その使い方がちっとも現代に向いていないに耳を傾けることは必須《ひっす》である。しかし、その使い方がちっとも現代に向いていない場合において、時として、おそらく貴重な原体験を「聞き入れるに値しない」言葉だと断じてしまって構わないのではないか。「戦争を知っている」には耳を傾けつつも、「戦争を知らないくせに」には、もっと好戦的に臨んでいくべきだ。その駆逐を、その仕分けを、怖がってはいけない。戦争を知るために、戦争を知らない世代だけが投じられる手段のひとつだろう。戦争体験の継承は、戦争を知らない世代の仕事である。そのためには時として「戦争を知っている人たち」の間引きも必要である。

昨今の新書市場は、年老いた大家の人生指南本と近隣諸国を無節操に殴打《おうだ》する本に溢《あふ》れているが、この二つは「歴史を修正する」という点で密接に絡《から》み合っている。新書を中心に嫌中・嫌韓本が乱立する事態を考えるシンポジウムをレポートした『週刊金曜日』（二〇一四年八月一日号）の記事には、このシンポジウムに先駆けて取られたアンケート結果の一部が掲載されており、この手の本を「購入する客層や特徴は？」との問いに、ある書店の店長は「曽野綾子の読者層」と断言している。年老いた大家にガミガミ言われたい読者と、隣国への雑言を共有したい読者はリンクしている、ということなのだろう。直接的ではなく本の中で間接的に先達から説教を食らう。

一方で、自分には直接的な危害が加わらない海の外へ攻撃を加える。自身の安全が約束された形で説教を受け、攻撃を続ける。

〝説教臭新書〟ブームの先駆けとなった曽野綾子『老いの才覚』（ベスト新書）は、贅《ぜい》沢《たく》に溺《おぼ》れた日本人を突つくようにこう書く。

「今は戦争がないから、明日まで生きていられるかどうかわからない、という苦悩がない。医療が進んで結核で死ぬ人も少なくなったし、昔みたいに子供の五人に一人が死ぬということもない。食べられなければ、生活保護がもらえる」

「よく『日本は経済大国なのに、どうして豊かさを感じられないのだろうか』と言われますが、答えは簡単です。貧しさを知らないから豊かさがわからないのです」

「日本人は、被災したその日から、すぐに菓子パンを食べることができるのに、『三日間パンばかり配られて飽き飽きした』などと文句を言っている。それほどに贅沢なのです。これは若者も同じですが、原初的な不幸の姿が見えなくなった分、ありがたみもわからなくなった」

彼女の本を数冊読み進めたが、この「原初的な不幸」の喪失は、彼女の論旨にこそ投げかけることができる。あの頃の貧しさを起点に置いて、貧しくない今を嘆く優位性は、ジョン・エントウィッスルがいてこそザ・フーなのだからジョンがいないザ・

フーなんてザ・フーではないと嘆くあの客に似ている。彼女が戦争期に生まれており、こちらは生まれていないという前提で全《すべ》ての説法を引っ張ろうとする彼女の論旨は、ご一読の通り、ひたすら下品だ。体を現在に預けていけない人は今を語るべきではない。自分と異なる人と対峙《たいじ》しない言論など言論ではない。

彼女の言葉を借りるなら「戦災の後の焦土に立った人たち」からしか〝正論〟が放たれないのが、〝老いの才覚〟だとするならば、それはただただ、才覚の貧相な再生産に思える。

「『日本が元気だった頃』『夢があった頃』と言うとき、そこには無意識に『日本が男らしかった頃』の含みがある」と書いたのは赤坂真理『愛と暴力の戦後とその後』（講談社現代新書）だが、曽野の言動が定年後の自己肯定に一役買う男性週刊誌に重宝されているのは、貧しかった家庭を女が支え、男が夢に向かって突き進んだ時代を、社会時事の表層と都合良く調合して、今という時代を踏んづけてくれるからだ。それを女に再規定してもらう。そして、ズケズケ言ってもらう。そんな言葉に奮い立たされる男どもの情けなさよ。

「若い女の子に〝KY〟という言い方があって、空気が読めない人のことだ、と説明された。『馬鹿《ばか》言ってるな。なぜいい年して、女、子供の吸ってる空気を読まにゃな

らんのだ』誰のお陰で生きてるんだ」（伊集院静『大人の流儀』講談社）

　理解に苦しむ。KYの時代にKYを断じるならば、もう少々空気を読んだ流儀が欲しい。原初的な不幸を知る・知らないの一点で、説教癖のある男と女はタッグを組んでしまう。ならば標的になりやすい女や子供や若者は、「誰のお陰で生きてるんだ」への返答として「少なくともあなたのお陰ではない」と挑発的な言葉を用意するべきなのだ。他人の流儀をそもそも認めようとしない人に大人の流儀が備わっているとは思えない。人が人を見誤るのは他者への想像を怠った時だと、幼稚園の砂場か小学校の授業で学んだ。

　説教癖の陳腐さは、急事になると無礼に暴発しやすい。二九五名が死亡し、九名が行方不明となった（二〇一四年一一月一一日現在）韓国のセウォル号の沈没事故。この忌《い》まわしき事故を前にしても、隣国への悪口を継ぎ足すチャンスだと嬉々《きき》とした人たちは「『愚韓』『呆韓』『哀韓』全記録」（室谷克実／『WiLL』二〇一四年七月号）と、他人様の死に際《ぎわ》まで嘲笑《あざわら》ってしまうという、まったく「愚」かですっかり「呆《あき》」れてどこまでも「哀《かな》」しくなる対応を晒《さら》してしまった。隣国との「葛藤《かっとう》」をそそくさと「格闘」に変えて、ケンカ腰のスタンスを身内にバラまいていきり立つだけの過呼吸ほどみすぼらしいものはない。この空気を醸成したのもまた、「本当の貧しさを知らない」

の連日連夜の登板である。球種がひとつしかない分、肩を痛めずに連投が可能となるのだろうか。

曽野綾子は産経新聞の連載「透明な歳月の光」（二〇一四年五月一四日）に「韓国船沈没事故に思う」という原稿を寄せた。セウォル号事故は、自分だけ助かろうと率先して逃げ出した船長が一般人のふりをして救出された一方で、待機指示を受けていた学生たちには最後まで正確な指示が与えられずそのまま命を落としてしまうという、悔やんでも悔やみきれない大事故となった。自分たちが置かれた状況を把握できないまま沈んでいった若き命に対して、かける言葉を見つけられない。しかし、ここでも「本当の貧しさを知らない」一族の長は、海の底に沈んだ若者たちの体を更に踏んづけるかのような言葉を投げる。

沈んでいく船の映像を見ていた曽野は、甲板の上に人もいないし、船体の一部が水面上にあったと前置きして、

「どうしてここまで、船客たちは逃げてこなかったのかと思う。そうすれば、この船長のように、数人に抱きかかえられるようにして救出されたのである。（中略）船内に浸水してきそうになったら、本能的に上へ逃げ出すという行動が、なぜ高校生にも見られなかったのか」と書く。正気の沙汰《さた》とは思えないが、彼女がどうやら正気らし

いのは、いつものようにこう続けることからも分かる。「決して韓国の高校生にだけ欠落していた本能ではない。最近の文化に守られた日本人の大人にも子供にも欠けているのが、自分で判断するという自己防御の力である」と続く。

「本当の貧しさ」党の党首（もしくは最高顧問）は、「最近の文化」を少しも受け止めようとせずに相変わらずの説法を繰り返す。

働く女性たちを指差して、「出産したら女性は会社を辞めなさい」と言ったのも彼女だった。せっせと働く若者たちを指差して「恵まれすぎている」と言う。そんな環境下で精神を病もうものなら、「日本人はいつからこんなにだらしなくなったのか」と噛《か》み付かれる。同じテーブルで議論するヒマなど「最近の若者」にはないのだし、彼女を叱《しか》り怒らなければならないのは、戦争を知っている彼女の同世代であるはずなのだがその気配は露ほども漂わず、むしろ、若者をズバリと斬《き》ってくれて痛快などと、繰り返される毎度の説教に頷《うなず》いている。彼女のような放言が流行《はや》ることで「戦争の苦しみを知らない連中たちよ」が、ある世代以上の硬直した文化人のテッパンとなる。あなたたちの知っている「本当の貧しさ」や「苦難」を、現在の飽食云々《うんぬん》への違和の着火剤として使うのはズルい。

『日本文学全集』(河出書房新社)の巻頭言を「日本人を名乗る我々とは、いったい何者なのか? 混乱の今、これは切実な問いである。」とした池澤夏樹。歴史を問う意義として、しきりに頷くのはこちらだ。ファクトを知りたい。ファクトを知れば、メンタルをいくばくか想像することができる。メンタルを追想するために語り継がれるべき言葉と体験がある。あるいは、文学がある。それは、〝説教臭新書〟が繰り返す過去の礼讃《らいさん》ではなく、今を照射するための働きかけだ。メモリーだけを伝えてファクトを放っておく言葉が、殺虫剤を振りかけるかのごとく無節操に撒《ま》かれている。メモリーを強めすぎるあまり、あるファクトを「そんなことは無かった」などと言い始める。メモリーには病み付きになるように濃い味付けがされているが、駄菓子と一緒で、体に悪いに決まっている。

「知っている世代」の好都合は、その下の世代の「たら、れば、」を誘い出す。その構造を細かく説明していくよりも、林真理子のエッセイを引っ張るのが早いだろうか。セウォル号沈没事故を受けて、彼女はこう書いた(『週刊文春』二〇一四年五月一日号)。

「あえて戦時中の新聞みたいなことを言わせてもらうけれども、船長にしてももし日本人ならこんなことはしなかったと思いますよ。乗客をすべて見捨てて、まず自分がまっ先に逃げる船長などということは規律と責任を何より重んじるわが国ではあり得ない。偏見と言われてもいい。日本人なら絶対にあんなことはしません」
この手の「たら、れば、」からの断定は、戦時中のメモリーを自己都合で移植しなければ吐き出せないメッセージである。今を問うためにファクトを知るのではなく、戦争を知っている世代から撒かれるメモリーだけを受け止めて、ただただ自己都合で咀嚼《そしゃく》していく。

議題を原発につなげれば「放射脳」と鼻で笑われることになるのだろうけれど、気にせずに進める。帰れなくなった土地を宙ぶらりんにして、塞《せ》き止められない汚染水をそのままにして「アンダーコントロール！」と凄《すご》んで「ダイナミック！」に五輪を呼び寄せた国は、国民を見捨てない国だとは言えない。「規律と責任」を何よりも軽んじるかのように放り投げて真っ先に実益に走った連中を忘れてはいけない。彼らは歴史を舐《な》めている。

「あの頃の日本人は素晴らしかった」というフレーズの欺瞞性は、大倉幸宏《おおくらゆきひろ》『「昔はよかった」と言うけれど　戦前のマナー・モラルから考える』（新評論）という一冊が早々に解決してくれるのだが、従軍慰安婦をはじめ、歴史認識の諸問題は物的証拠の蓄積というよりも語り部の蓄積である。語り部の発奮が曲解を呼ぶこともあるだろうし、同時に、語り部を最初から否定してしまうことで本来届くべき史実が届かなくなったことだってあるだろう。人を傷付け、傷付けられた歴史は事細かに査定されるべきだし、その査定を避けてはいけない。ところが、歴史性を考える際に唯一《ゆいいつ》ノーチェックで堂々と闊歩《かっぽ》できるのが「本当の貧しさがあった」「あの頃には生き抜く知恵があった」という極めて漠然としたメモリーである。メモリーは、物的証拠とも語り部とも異なるゾーンで肥大化する。なぜって、メモリーには査定の入りようがないからだ。だから、継ぎ足されていく。

こちとら若造、歳《とし》を重ねれば重ねるほど人間の嗜《たしな》みは肉厚になると信じたいところなのだが、曽野綾子やその周辺の言葉に寄り添ってしまうと、そのテーゼは瓦解《がかい》していく。「本当の貧しさを知らない」という言葉を、全国で使える共通パスポートにしてはいけない。そのパスポートは、今、市場で投げ売りされている新書のように、手に入りやすくなればなるほど安値になり、どこまでも粗造になっていく。アレが市場に溢れれば溢れるほど、歴史を丁寧に考察する機会が遠ざかる。アレは、いざ税関に持って行けば「こんなものは使えません」と差し戻される偽造パスポートに違いないのだけれど、国内にいる分にはこのパスポートが使える。

歴史が旧世代の安堵《あんど》のためばかりに使われている。でも歴史は現在を見るために使われるべきなのだ。「若い人は、本当の貧しさを知らない」は、その現在から猛ダッシュで逃げている。結果として、歴史を知ることからも逃げている。歴史は、今に体を預けている人だけが語るべきだ。何より、戦禍に散った先人たちも、闇雲《やみくも》に愛でられるために奮闘したわけではないはずだ。

06

全米が泣いた

〈絶賛〉の言語学

書籍の帯文というものは、基本的には編集者が考えることになっている。本が書店から取次に返品され再度出荷される時には、改訂された新しい帯や重版や受賞などの吉報を添えた帯が巻き直される。この重要な販促ツール、少なくとも文言案は編集者が出し、書き手と相談し、より届く言葉を探し出す。夜中に書いて翌朝読めば赤面してしまうラブレターのような文言になりがちだが、逆にこれくらい強いほうがこの本の想いを伝えられるはず、手に取ってもらえるはずといきり立った企《たくら》みが、ホントにただの逆効果だったりする。毎日二〇〇冊を超える書籍が世に出ているが、その中から手に取ってもらえる、多種多様の主張を押しのける帯文を編み上げるのは簡単ではない。

七年間ほど編集者をやっていたが、ある時「これは、誰が待望しているの?」と上司に冷たくあしらわれたことがある。ある本の文庫化の帯文言を「待望の文庫化」で締めたのである。一体、誰が待望しているというのか、と問われ、返答に窮する。単行本を買った人は文庫化を待望していない。単行本では買わないなぁ、文庫でなら買ってもいいけれど、程度に思っていた人は、決して待望しているわけではない。瞬時に調達した言い訳は「待望の、と書いておけば、みんなが待望するだけの作品なのだから、面白いに違いないと、未知の方が手に取ってくれるんじゃないか」というもの。うまく逃げきれた気もしたが、書籍の帯という、店頭で一秒でも見てもらえれば御の字のポジションに、これだけ長い言い訳を必要とする時点で効果的ではない。あろうことか、「待望の文庫化！」と、「！」まで付けてしまっていた。一体、誰の感嘆だというのか。正体不明の「待ち望んでいる人」にすがったこの空回りを恥じながら書店に出向くと、文庫売り場ではあらゆる文庫化が待望されているのであった。売り上げランキングのコーナーには、フォトショップで肌をすっかりキレイにしてもらった人気女優の写真の横に、「号泣しながら、一晩で一気読みしちゃいました」と手書き文字を添えてある帯。発生源が不明の「待望」では、この帯には勝てない。女優の涙を感知して手に取る。知らない誰かの待望をともにするよりも、確かな涙を流したいではないか。

「批判するのは簡単だけど、褒めるのは難しい」と言われる。芸能人にまつわる原稿をネット上に放つと、おおよそその言葉と同質の反応がそれぞれのファンから返ってくる。その反応こそ簡単に繰り返されているけれど、とにかく、チミのような指摘など誰にでもできると言う。この弁には安手のトリックがある。彼らには、褒めていなければ批判であるし、同調していなければ反意であるとする考えが通底している。批判するのは簡単、という言葉が簡単に流布《るふ》されるのは、同調の結束を高めるためであり、自分たちが日頃愛でるため褒めるために使っている言語に更なる意味を持たせるためでもある。あらゆる熱烈なファンは、押し並べて同様の反応を見せる。ただ単に仲間同士で承認されている褒める言葉が少ないという内輪の事情で「褒めるのは難しい」を使う場合が多い。ならば、「批判するのは簡単」という定義は、はなはだ怪しくなる。

批判する方法と比べて、褒め讃える方法は本当に手持ちの駒《こま》が少ないのだろうか。文庫化の存在を褒め讃えるためには、知らない誰かに待望してもらうしかなかったのだろうか。仮に、「褒めるのは難しい」と思っている人に「これは褒めている」と思ってもらうための選択肢が狭まっているのだとすれば、それは、発せられた言葉のバラエティや精度の問題ではなく、ただただ、言葉を受け取る側の問題、懐《ふところ》のサイズに起因しているのではないか。あらゆるマーケティングが買い手を最大化させるための言葉を捻出《ねんしゅつ》すると、その言葉はすっかりのっぺりと均一化した言葉になる。褒めるのは難しい、ではなくて、褒める言葉が限られているのではないか。

例えば「新進気鋭」の学者は、これまで何人、世の中に生まれてきたのだろう。若い学者が博士論文をまとめて指導の教授や周囲の教授から推薦コメントをもらった後に、処女作の帯にメインに掲げられるのは「新進気鋭」だ。あらゆる言葉はある瞬間や機会で意味が最大化される場面を持つのだろうが、「新進気鋭」はおそらく若手学者の処女作で最大化される。これ以上ない適役なのだ（ところで、この本にはどんな言葉が投げかけられたのだろう。「新進気鋭」かもしれない）。

クールビズの初日くらいしかアロハシャツを着られるタイミングがないように。わざわざ大寒の日にふんどし一丁で海に入っていく行事があるように。そのアロハやふんどしは、確かに毎年、今日しかないタイミングなのだけれど、そのタイミングしかないからといって、そこでアロハを着ること、ふんどしで海に入ることが手放しで肯定されているわけではない。その判断が〝適切〟であることと〝最適〟であることは違う。テレビカメラは嬉々として毎年同じ光景、クールビズの初日に恥ずかしそうにアロハを着てきた課長を撮り、寒風吹きすさぶ中、荒波に駆け込んでいった後の「さぶい〜」を撮る。それを見て私たちは笑う。毎年のように笑う。彼らにとってのアロハの必然性、ふんどし一丁の必然性が、こちらには「なんでまたその選択肢なの？」と喜劇性を持って伝えられるからだ。確かにその日ならではのものではある。でもそれを毎年繰り返している。「新進気鋭」という言葉もそれに近いのではないか。今しか使えない絶賛だが、何度か「今しかない」サイクルを知ると、すっかり鮮度のないリフレインだと気付く。

　選挙が行なわれる度に選挙ポスターを舐めまわすように凝視しているが、若手候補の売り出し方の近似が気になってしまう。自分ならではの初々《ういうい》しさを打ち出してみたつもりなのだろうが、定点観測している身からすると、「新進気鋭」と同様に、賛意を促す文言があまりにも類似していて歯がゆい。「若さで改革！」「フレッシュ革命！」「日本のために汗をかきます！」「二児のパパ、国政にチャレンジ！」等々。蛇足ながら、子どもを抱えてポスターに写る新人には「これをやったら姑息《こそく》と思われるかもしれない」というガードが働いていないという点で投票を避けてしまうのだが、ここでもまた、言葉のバリエーションが足りていないようなのだ。
「批判するのは簡単だけど、褒めるのは難しい」。いいや、褒めるのは難しいのではない、褒めるのにはただただパターンが足りていないだけだ。

　そこまで駆使できていないがツイッターを遅ればせながら始めて感じたのは、批評者と対象者（作者）の馴《な》れ合いだ。「Ａ（作品名）について、Ｂ（肯定的な意見）と感じました」と書けば、Ａの作者から「そうなんです、よくぞＢという本質に気付いてくれました」と返ってくる。開かれた場でそのやり取りが行なわれる以上、その作品Ａに対する屈強な評価軸として周囲に広まっていく。作品ＡはＢと評されるべきであるとしたことにＡの作者が賛同している中で、「いいや、これはＣではないか」と異なる意見を投じる難しさがある。この流れのどこに「褒めるのは難しい」が泳ぎ渡っているのだろう。一体、難しいのはどちらなのか。

　熟知と評価は違う。評価の最高峰に熟知があると思っている受け手が多い。Ａの作者に「そんなことがよく分かりましたね」と言われても、それが熟知とは限らない。しかし今、別の意見Ｃを投じる批評が薄まっているのは、Ａの作者がＢに賛同している状態が、「批評の完成系」として咀嚼されていて、そこから逸脱するＣは、（別項でも記すが）たちまち「disる」という流行言葉で処理されてしまう。

　絶賛にしろ、批判にしろ、言葉を尽くした細やかな考察がそこまで待望されないのは、Ａの作者である当事者が、批評を操縦するイニシアチブを持ってしまっているから。アマゾンのレビューに☆二つを付けてCであると言っている人がいるけれど、これは全くお門違いで☆五つ付けてくれたBが正しいんだよとAの作者が言った時、Cという見解はAの作者に帰属する人たちから袋叩《だた》きに遭う。この構造は、批評をどこまでも矮小化《わいしょうか》させていく。SNSの世界ではしばしばこういうことが起きる。

これでは、絶賛の言葉も批判の言葉も成長しない。しかし、絶賛の言葉は、成長しなくともひとまず歓迎はされる。dis られはしない。だからこそ、手垢《てあか》のついた「待望の文庫化」や「新進気鋭」は、改訂される機会を持たないまま、いけしゃあしゃあと流通していく。例えば、「全米が泣いた」というハリウッド映画の宣伝文句は繰り返されてきたけれど、これほど大雑把な言葉遣いが見過ごされるのも、それが絶賛の言葉に分類されるからだ。立ち止まって、ところで全米とは誰なのか、という問いを真顔で投げかける機会は持たれなかった。もしもその映画に対して「全米じゅうが怒ってるよ」と告げ口をした場合、たちまち、全米とは一体誰なんだよ、と問われるだろう。でもそれは、いつもオマエらが平気で使ってるアプローチじゃんか。

肯定や絶賛はディテールが問われない。吟味する必要がないからだ。就職活動において多くの学生が頭を抱え、抱えたまんま人間不信に陥るのは、面接で「あなたの長所は何ですか？」と問われたっきり、後日封書で「今回はご縁がありませんでした。ご多幸をお祈りします」と人格を否定されるからである。彼らは就職セミナーの類《たぐ》いに座った途端に、「自己分析せよ」と指図されてきた。面接当日には、多少の短所を交えつつ、自己分析した長所を絞り出し、自分なりに長所が上回るようにプレゼンする。にもかかわらず、「ご縁がない」と否定され続ける。肯定の要素を自家調達して案配を整えたのに、届きませんでしたと縁を切られる残酷さ。シューカツでメンタルをやられやすいのは、否定され続けるからではなくて、肯定したのに否定され続けるからだ。

胸を張れるほどの肯定を自分の人生から引っ張り出すことは簡単ではない。しかもその私的な肯定を必死に公的化しなければいけない。おばあちゃんが病に倒れた時、真っ先に病院へ駆けつけた話をしても面接官には響かない。オリジナルブレンドでは「肯定」を作れないから、ガイド本を手にして、推奨されている肯定に準じていく。社会学を教える大学教授の知人が嘆いていたが、自分の教え子が横並びで東南アジアへ、短期留学のボランティア活動に出かけていくという。理由を問うと「就職に有利だと聞いたので」。肯定の公的化のメソッドをみんな一緒に仲良く踏襲する。「自慢」の反対語は「自嘲《じちょう》」だが、コミックエッセイにしても、自己啓発系の本にしても、今の流行本の多くには「自嘲」が含まれている。自分を自分で褒められない場合、自分の体に合うようにこれらの自嘲を調合して日々のハードルを下げ、あるいは取っ払って、批判が入り込みにくい体を作る。この作業に慣れてしまうと、ハードルを下げた分、肯定し続けることはできるけれど、向かってくる批判への抗体はすっかり弱まってしまう。

シューカツでは、肯定してみてください、否定もしてみてください、さぁどうぞ、と短時間で迫られ、最終的に肯定を引き立たせたプレゼンをしなければ通らない。コミックエッセイ的な自嘲では、求められているバランスを築くことはできない。このバランスと戦略的に向き合わないと、何十社受けても、やる気だけはあります、絶対に御社に貢献する人材になりますと、気合いの言語を空焚《からだ》きし続けることになる。

ライターの北尾トロは、コラムニストのえのきどいちろう、編集者・ライターの新保信長との鼎談《ていだん》で、帯文に躍る「渾身《こんしん》」が気に食わないと吐露する。「帯の文に『渾身の』を安易に付けとく、みたいな風潮がさ。オレは『渾身』慣れしてるから、あ、また『渾身』だ！って目に付く」（『季刊レポ』17号）

この「渾身」の内情は、肯定感の押し売りだ。今回頑張りましたので泣いてください、だ。でも、「私、頑張ってるので御社に入れてください」では面接に落ちる、あのパターンだ。器用に使ったつもりだが、とにかく切実さが生じない。その欠点に気付かないふりをして「渾身」を使い続けていると、周りが渾身だらけになっていることを忘れてしまう。「待望の文庫化」と同様に、本屋じゅうで浮気を繰り返す尻軽《しりがる》ワードだと気付かぬまま、「渾身」を使ってしまう。

絶賛の言語に跳躍力を持たせるためには、絶賛を受け止める前に、裏返して考えてみるといい。「全米が泣いた」時に南米が怒り狂っている可能性を考えてみる。「全米が泣いている」間にアジアは眠りこけているのではないか。物事を多方向から見ることを怠らなければ、「絶賛」「待望」「渾身」は、順当に賞味期限を迎えていくのではないか。良《よ》し悪《あ》しを決める時に、良しを知って悪しとして、悪しを知って良しとするように心がければ、肯定言語も批判言語も浮つかないはずだ。その取り組みを怠りすぎている。

未《いま》だに全米が泣いていて、文庫化が待望され続けているのは、ただ単に、絶賛・批判の天秤《てんびん》が絶賛に寄りまくっているくせに「釣り合っている」と言い張ってくるからにすぎない。ちっとも釣り合ってなんかいない。他人様の悪口をみんなではね除《の》けることを絶賛のガソリンにしているくせに、これが「絶賛と批判のベストミックス」状態だと言い張る。

嘘《うそ》だ。その欺瞞《ぎまん》、いつもの絶賛で済ましてしまう態度が、絶賛の跳躍力を奪っているのではないか。なにかと絶賛へ向かい、絶賛に落ち着きたがる昨今のあらゆる作業工程。少しばかり絶賛と批判のバランスが是正されれば、渾身の絶賛語が新たに生まれるのではないだろうか。

07

あなたにとって、演じるとは？

「情熱大陸」化する日本

自殺が起きるのは月曜日が多い。

内閣府「平成26年版自殺対策白書」にある「平成25年における発見曜日別の一日平均自殺者数」によると、男女ともに月曜日が多く（男六三・五人、女二五・四人）、日曜日（男四四・五人、女二一・三人）が最も少ない。

なぜ人は月曜日に死を選んでしまうのだろうか。人間の心理状態をテレビ番組の存在にスライドさせる代表例、というかほぼ唯一の例に「サザエさん症候群」がある。日曜の夜を迎えると翌日からの仕事が気になり出し、気分が憂鬱《ゆううつ》になるという。サザエさんがこちらに向かってじゃんけんを仕掛けてくる頃には、すっかり沈み込んでいる。

アニメ自体は、極めて安定的にドタバタしている作品だ。画面の中で磯野家が多重債務に追われているわけでもなければ、気の合わない上司に叱責《しっせき》され続けたり、月の残業時間が一〇〇時間を超えているのに残業代が支払われず家族団欒《だんらん》が崩壊したりしているわけではない。画面に流れる彼女らの日々はどこまでも牧歌的である。「サザエさん症候群」とは、内容とは関係なく、そろそろ餌《えさ》の時間かな、とよだれを垂らしてしまう「パブロフの犬」のサラリーマン版にすぎない。

ひとつのテレビ番組が、ある世代を露骨に勇気付ける珍しいケースがあった。『プロジェクトX』（NHK総合、二〇〇〇年三月～二〇〇五年一二月）、あれは団塊の世代の精力回復剤だった（勢力回復剤でも誤植ではない）。「オレらの頃はさ……」と高度成長期のイケイケドンドンならではの苦悩を熱く語りたがるものの、実はそこまでドラマチックな物語を持っているわけではない団塊の世代の多くは、夜な夜な『プロジェクトX』の物語に忍び込み、養分だけを抽出して部下にぶつける人生訓に混ぜてみるという詐欺《さぎ》めいた使用法を繰り返した。「オレらの頃はさ……」に起因する団塊の世代の熱さには、往々にして盗作疑惑か倒錯疑惑を投げかけてみる必要がある。

高度成長期の企業人の物語は、主演も助演もライバル役も裏切り者役も、男だ。サブタイトルは「挑戦者たち」、描くのは、車、家電、橋、鉄道……イチからモノを作る男たちだ。必ず旧体制の誰かから「そんなものは必要ない」と嘲笑され、「採算を考えろ」と怒鳴られ、「アイツの気は確かか」と周囲に軽蔑《けいべつ》されつつも、ひとつずつ劇的に打破していく。打破した男たちの物語を、そこまで打破しなかった男たちが晩酌しながらパクつく。

目の前に大きな壁が立ちはだかった時に男たちはどうやってその壁を乗り越えたのか、その苦難を大仰なナレーションでデコレーションしていく。勤続三〇年で堅実に黙々と業務を遂行しご褒美《ほうび》的に部長に辿《たど》り着いた誰かは、『プロジェクトX』の「男たち」を修正液で消して「俺」と上書きし、「挑戦者たち」の物語を自分の体内に組み込むことに成功する。実は耳が聞こえていたと叩かれた作曲家よろしく、人生のゴーストライティング。

いわゆる団塊の世代（この言葉を使う時「いわゆる」を頭に付けておきたくなるのはなぜだろう）は、確かにあらゆる産業の変革期に漏れなく居合わせている。焦土にとりあえずのハコモノを建ち並べることは終わっており、その後の街にどういった色付けを施していくべきかが問われていた世代。彼らは、下地が前もって一通り用意されているだけに、パッションだけを添えれば、あたかも具体性に富んでいるかのように話を泳ぎ渡らせることができる。たとえあなたがちっとも絡んでいなかった案件でも、用意された充分な下地が、語るに足る確かな空気を改めて醸成してくれる。つまり、成功者の産物に自己を投影できるシステムがこの世代にだけは特別に用意されている。

オレらの時代はこんなアクティブな時代だった、との弁にひとまず嘘はない。一週間のサラリーマンライフが半ばに差しかかろうとする火曜日夜という絶好のタイミングで放送されたこの番組は、そんな団塊の世代のサプリメントとなった。

ご存じのように自殺者には中年の男性が多い。常用しすぎてレッドブルが効かない体になるのと同じように、熱い物語を強固に代弁してもらう『プロジェクトX』的なものを体に取り込みすぎて効かなくなってしまったのか。彼らに少しも効かなくなったことと番組終了との因果関係など測れるはずもないが、『プロジェクトX』に浸った「オレらの頃は」世代を目の上の超巨大なたんこぶとしてセッティングし、超分かりやすい「既存への抵抗」を繰り返し描いたのが『半沢直樹』（TBS系列、二〇一三年七月〜九月）だった。

俺たちがあらゆるシステムを作った、とする絶対的な自負を、そんなものはどうでもいい、実力や採算で冷静に問えば君たちの古臭い正義など単なる馴れ合いと怠惰ではないか、と土下座させてみたあのドラマ。『サザエさん』で暗澹《あんたん》たる気持ちが芽生えてしまった「症候群な人々」に向けて、その更に後ろに位置する夜の時間を使って、上層部を土下座させる装置を作ったのだ。

視聴後、すぐさま一番風呂《ぶろ》に入って、夕飯後からずっとゲームをしている息子を「いい加減にしなさい」と叱りつけて寝室へ入れれば、翌朝、なんだか強く踏み出せる気がする、という仕組み。過度に熱いサラリーマンドラマは定期的に撒布《さんぷ》されており、遠くない例では『サラリーマン金太郎』あたりだろうが、登場人物の熱意だけで物語を運搬していた金太郎に比べると、半沢直樹は熱意に理論と、それを説明する言葉が理知的に付随していた。

古びた熱意を鮮度のある熱意で更新していったのが金太郎。一方、鮮度のある熱意を説得力を持つ言葉で補強したのが半沢直樹だった。かつての成功談を五割増しから八割増し、酷《ひど》い場合には三〇割増しで吹っかけてくる上層部をひっくり返すには、外部から見ていればコミカルでしかない半沢直樹ほどの喜怒哀楽が必要だった。「んまぁー、あれはエンターテインメントだからさ」と寝室に消えていくお父さんの目は、素直にギラついていた。

月曜の自殺と日曜のテレビ、その因果関係を証明することは難しい。半沢直樹はとにかく奮闘している。サザエさんは何食わぬ顔で暮らしている。夕方には、座布団《ざぶとん》をもらったり引っこ抜かれたりにずっとずっと興じてきた好々爺《こうこうや》たちがいる。いつ頃から「ああもう、どうしようもない、ダメだ」が沸き立ってしまうのかは知らない。しかし、人は月曜日に、より多く死を選んでしまっている。

取り急ぎの提案。『タモリ倶楽部《クラブ》』を日曜の夜に移せば、離職率や休職率は上がりそうだが、自殺率は低まるのではないか。堺雅人《さかいまさと》が大声を張り上げるよりも安齋肇《あんざいはじめ》が遅刻してくるほうが、翌朝の精神状態が落ち着きそうなものだがどうだろう。


先日、気の合う同い年の女性とこんな会話をした。口から出る八割が皮肉、残り二割が諦めという、体内成分が合致する友人だ。

「『情熱大陸』って、結局、成功者がどうやって成功しているかって話でしょう。成功しているのにまだまだそれに満足しているわけじゃなくて他人から見れば些細《ささい》なことでも自分にとっては追い求めなければいけないものなんですよそうでなければ自分は自分でいられないのだから……っていうストイックなオチが、どうも腹立たしいんだよね」と息継ぎを後回しにして、まだまだ毒突き続ける。

「外からの作用でものすんごく上げてもらって、自分からものすんごく下げてくる。あ、これは、芸能人とか文化人系に限るんだけどね。南米でカカオ獲《と》ってますみたいなハングリーな女性とかには当てはまらないんだけど、見られていることに普段から慣れている人は、上げたものを下げて、これが自分なりのストイックです、って加工するのね。ストイックって言葉で自分を叩き落としていくんだけど、あれ、全部外部提供じゃん」

　必死に頷きながら答えてみる。

「でも、この『叩き落とす』って部分を皮肉るのって難しいよね。女優が『えーそんな、わたし、食生活になんか、ぜんっぜん、気を遣ってないですよ。大好物は焼肉だし、先週なんか三回も焼肉行っちゃいました～』っていう、『私もみんなと一緒』アピールとも似てくるよね。あれって、嘘って分かるじゃん。自分主導でやるアピールを突つくのは簡単なんだけど、その上げ下げをさ、本人じゃなくて制作側がハンドリングしている感じがそれなりに巧妙だからイヤなんでしょう？　例えばライターとして誰かにインタビューする時、こちらは真顔で『あなたにとって、演じるとは？』とか『音楽とは？』なんて訊《き》けないものだけど、『情熱大陸』って、わざわざ恥ずかしがらずに訊くでしょう。偽装されたオーガニックラベルというかさ、外からの不自然な設問で、強引に自然体を練り上げている気がするんだよね。まぁ、そんな日曜の夜より、昼のアレでしょう」

「出た、『ザ・ノンフィクション』」

「あの番組は清々《すがすが》しいよね。なんたって、出てくる不自然な人が不自然なままだから。

普通、そこら辺の人々というのはテレビになんか馴染まないものなんだという、至極全うなことを教え直してくれる」

フジテレビ系列で日曜の一四時から放送される『ザ・ノンフィクション』は大好物番組だ。決して芸に能があるとされる人の上げ下げでドラマを創出しない。例えば新人バスガイドを追った回では、結局慣れずに故郷に帰ってしまったりするし、寿司《すし》職人になるべく上京するも挫折《ざせつ》して沖縄に帰ろうとする青年は、働かない親の体たらくを直すためには帰ってはならないと都会に留まることを決意したりする。デフォルトで生臭さが立ちこめている。

ある放送回。愛妻に先立たれ、田舎の豪邸に一人で住む社長さんが「男はこの年になってくると金と土地だ」と強気に言い放ちながら、ロシア娘とのお見合いサービスに入会、ロシア娘を呼び寄せて豪邸に住まわせる。一定期間同居してもらい（性交は禁止、同室で寝ることも禁止）、フィーリングを確かめてから婚姻するかどうかの判断をするという。

ロシア娘を日本に呼ぶための高額費用を負担しているものだから、会員の多くは、やって来たロシア娘と謙虚に向き合おうとするのだけれど、この社長は一切の謙虚さを持たない。呼び寄せる前、カビの生えた食器、書類や半端《はんぱ》に残った食事などが山積みになったテーブルを取材陣が指摘すると、「いいのいいの、今度来てもらうロシアの娘に片付けてもらおうと思ってるから」。

はるばるやって来たロシア娘は、祖国ではお客さんを迎える時には家じゅうを隅々までキレイにして迎えるのが常識だと、早々に不満げな顔を浮かべる。畳みかけるように社長は、マットレスとシーツと敷き布団を畳に放り投げ、オールジャパニーズで布団を敷く順番を指図する。お見合いの仲介業者がやって来ると彼女の不満は爆発し、「私は日本に掃除しに来たのか！」とロシア語でぶちまける。

そんな不満に耳を傾けるはずもなく、社長は「うーん、男の子が欲しいのね、財産を継いでくれる男の子が」と自分勝手な放言を繰り返し、最終的にロシア娘に告白をする。彼女は、感情を殺しながら「ひとまず考えを保留させてほしい」と答えるのだが、社長はニコニコ頷いている。スタッフが尋ねると「オッケイってことでしょう？」と満足げ。

ロシア娘は故郷へ戻ってから、社長に断りのメッセージを送る。社長は表情を曇らせた後に、なんとか作り直した笑顔で「すでに次を向いています」と豪邸に独り佇《たたず》む。彼には片足がない。片足でぴょんぴょん豪邸を歩き回る社長。『ザ・ノンフィクション』は、背負う物語の不器用さをこうしてそのまま残していく。上げたり下げたりしない。うまくいっていない人を、うまくいっていないようです、とそのまま映し出して終わる。

一通り『ザ・ノンフィクション』で盛り上がった後、彼女に、月曜の自殺率が高いという話をすると、話はこう落ち着くのだった。テレビ局の編成部長よろしく、英断が下る。

「『情熱大陸』を日曜の夜から昼に移せ。『ザ・ノンフィクション』を日曜の昼から夜にしろ。以上。これだけで日本の自殺率は下がる。相田みつをの格言を織り交ぜたようなことを言うとだね、生きるってこうして辛くも愛《いと》おしいのだが淡々としているものなのだよ、って『ザ・ノンフィクション』を味わってから寝ろ」

「後は寝るだけなのに、これはオーガニック食品ですからと、頼んでもいない健全な養分を体に注がれる『情熱大陸』。一方、『ザ・ノンフィクション』はわりかし常に重い。夜遅くに食べるラーメンのように、カロリーが高い。しかし、オーガニックですと嘘をつかないからこそちゃんと向き合える。ついつい食してしまう。解決もしない。でも、チャレンジしました、失敗しました、で終わってしまうことを怖がらない。でも、そのゲップするような味付けのほうが、日曜の夜、スヤスヤ眠れるかもしれない」

「体に悪いものはおいしい。習慣化する。うまい棒が年間何本生産されてるか知ってる？　六億本だよ」

福岡元啓《ふくおかもとひろ》『情熱の伝え方』（双葉社）は『情熱大陸』のプロデューサーが記した一冊。番組作りのノウハウをビジネス書のアプローチで伝えていく。番組一五周年記念のパーティ会場で番組と同じ年齢を生きてきたオリーブを壇上に置き、スポンサーの社長に向けて、「この木は樹齢15年ですが今後も2000年、3000年と育っていく木です。僭越《せんえつ》ですが、僕らの制作者の気持ちとして、この木を社長室に飾っていただけないでしょうか？」とお願いし、社長は受諾したという。こういう仕掛けをできるのが面白い人間なのだと自らを評定する。

なかなかどうして面白くない。プロデューサーがスポンサーの機嫌取りを人生訓に変えてしまうのは、『プロジェクトX』の熱い話を盗用するサラリーマンよりも企みが透け透けな分、侘《わび》しい。これまで、成功者や強い者ばかりにゴマをする群れから逃れながら自分ならではの情熱を発露させる人たちをあの番組に見つけ出してきたつもりだが、その期待はもはや一方通行なのだろうか。

「あなたにとって、演じるとは？」的な「イイ言葉をちょうだい」という露骨な嘆願は、一見分かりにくそうなニーチェの言葉を超訳という技術でサプリメント化して大成功させた例からも分かるように、そもそも一流だと確定しているものをミキサーにぶち込んでお肌に良いとガブ飲みさせる手法を生んだ。『超訳　ニーチェの言葉』とは、グリーンスムージーのごとし。サビメロだけを購入し、サビだけでその楽曲を体感した気になっていた着メロ文化のごとし。すごいと確定している人から分かりやすい言葉を引き出すのではなく、すごいかどうかなんて関係ない、でも自分にはこの人が引っかかる、その人からオリジナルな言葉を引っ張り出すのが、ドキュメンタリーの視点であり始点ではないのか。

田原総一朗は「ドキュメントするとは、制作者や作家が、自分をそのまま素材にすることなのだ。自分の恥部をさらけ出したままで相手にぶつかり、自分の毒で相手にせまり、自分の毒をふりまくことで相手（たとえばあなた）の武装を切り裂き、あなたの汚れ、あなたのずるさ、あなたのみにくさをさらけ出させることなのだ。そして、そのたたかいをブラウン管に投影させることで、視聴者のあいまいさに満ちた平穏な日常ムードを切り裂こうとねらっているのである」と『青春　この狂気するもの』（三一新書）に書いた。

ドキュメンタリーは、すでに流れている日常に媚《こ》びてはいけないし、視聴者にサプリメントとして愛用してもらえるように、味を整えたり、食べやすい形に加工したりするべきではない。『情熱大陸』は別に加工しているわけではない。彼らは加工しない。オーガニックですと言うだろう。その代わり、整った言葉、食べやすい言葉を引き出す手法を、前々から諸々備えている人ばかりに向けていくようになった。

名言ｂｏｔのようにイイ言葉が自然と流れてくる場は絶対的に怪しい。釣り竿《ざお》を垂らせばたちまち釣れるのは、そこが釣り堀だからだ。誰かが管理しているからだ。同じようにして言葉が刈られ、サプリメント化する。「倍返しだ！」にも『情熱大陸』から噴き出す言葉にも確かなサプリメント効果がある。でも、欲してすらいないのに口の中に押し込まれるのはキツい。もう日曜の夜なんだし。明日から仕事なんだし。『ザ・ノンフィクション』が放つ言葉は、野ざらしの言葉だ。あるいは『タモリ倶楽部』の言葉はそもそも、誰かに対しての作用を期待して放たれている言葉ではない。言葉に効果なんて必要だったっけと揺さぶってくる。カロリーを調整してこない。咀嚼しやすいようには整えない。でも、相手と懸命に向き合って、ようやく向こう岸まで泳ぎ渡った言葉って、振り返ってみればそういう言葉ばかりではなかったか。

本来、言葉に処方箋《しょほうせん》はないはずなのだが、どうしてだか、言葉に明確な役割を求めすぎる。役割を提出できない言葉と話者を「その程度のもの」と捌《さば》いて、所属のある言葉、効能が見える言葉、評価が確定している言葉をそそくさと欲する。それらばかり摂取すると、おのずと、確定していないものへのアクセスを拒む力こぶが日に日に屈強になっていく。これは新手の言葉狩りとも言えるかもしれない。

効果的な言葉ばかりが定められまくることで、こぼれる言葉が出てくる。言葉だけでなく、人もこぼれるかもしれない。『情熱大陸』の情熱を浴びていると時たまそう感じる。その手の情熱を少しも持っていやしないという疎外《そがい》感は、例えば月曜を迎えたくない人には更なるプレッシャーにもなる。この手の情熱を必要以上に害悪と見なすべきではないのだが、害悪になる可能性をまっさらにすべきでもない。「あなたにとって、働くとは？」になんて答えられなくてもいい。「あなたにとって、演じるとは？」にスタイリッシュに答えられる人に同化する必要なんてない。そういう問いは、〝空耳〟でかわしてしまえばいい。

08

顔に出していいよ

セックスの「ニュートラル」

中学時代、石山くんという友人がいた。確か、会社経営者の家庭に生まれた一人っ子で、肥満気味に加え、少し大人しい性格もあってか、クラスの中でいじられキャラとして定着していた。ちょっかいを出すと、怒りを嚙《か》み殺しているのが目に見えて分かり、今度こそ爆発するかもなと構えていても一向に爆発しない。申し訳ないことに、そんなヒリヒリ感を繰り返し楽しんでいた。

石山くんがウンコしているところを覗《のぞ》いてやろうぜと思い立ったのは誰だったか。個室に入る音を確認し、静かに男子便所へ足を踏み入れる、いつもの仲間たち数名。当時、中学校の男子便所にあった大便器は全《すべ》て和式だったから、上から覗いたところで、屈《かが》んでいる姿しか見えない。静かによじ登ることさえできれば、ウンコの一部始終をじっくり観察できてしまうというわけ。仲間内でも身軽な杉原くんが壁を伝う忍者のように、物音を立てずに登る。

ひょいと石山くんの個室を覗いた杉原くんの口から「えっ」「えっ」と小さな声が二度ほど漏れる。あれだけ静かに登ったというのにツメが甘い。降りてきた杉原くんが「えっ」ともう一度漏らした。ツメは甘いが、業務は遂行した。杉原くんの報告を受けて腹を抱えて笑うつもりだった。こちらは、すでにニキビだらけの顔をほぐし、虫歯だらけの歯を覗かせながら、次の発言を待っていた。爆笑する準備はできている。「目が合ったんだ」と囁《ささや》く杉原くん。今度はこちらが「えっ」と漏らす。

杉原くんは、ひとまずトイレを出ようとジェスチャーで提案し、しばらく歩いて廊下にある長椅子《いす》に私たちを座らせた。杉原くんは廊下の真ん中に座り込んだ。手を背中の後ろに回したまま地面につき、体を反らせながら浮かせた。「こんな恰好《かっこう》してた。だから、目が合ったんだ」。頭の中で情報処理がようやく追いついた時、これはマズいことになったと思った。

後で確認して発覚したことだが、それなりに育ちのいい家に生まれた石山くん家《ち》の便所は洋式だった。和式に入るのは、旅行先や学校でどうしてもしたくなった時に限られてきたのだろう。和式便所を「便座のない洋式便所」として捉え、自分の手で自分の体を支えるスタイルを築いてしまった。杉原くんの実況報告を受けて、石山くんにかける言葉を探したものの、見当たらない。とぼとぼとトイレを出てきた石山くんに、ひとまず「ごめんな」とだけ謝ると、いつもと変わらぬ怒りの嚙み殺し方をした。石山くんは、自分の和式便所の作法が根本的に間違っていたことにまだ気付いていない。高校も一緒になり、それなりに打ち解けた仲にもなったのだが、和式便所の一件については触れられずじまいだった。出生の秘密を隠し続ける親族のように、なんとしてもこの件は口を割らぬという態度が、あの日の和式便所に立ち会った面々に共有されていた。

言動というのは、押し並べて周囲との帳尻合わせで築かれていく。敬語や礼儀作法の類いにただただ縛られている人を眺めるのは不快だが、相対する人に気を配る最低限の言動は、誰かから示されたルールに従っているわけではなく、日頃の帳尻合わせで手に入れてきたものだ。

石山くんが和式便所の作法を誤ったまま育ったのは、自分のやり方と世間一般のやり方との帳尻合わせを見事なまでに逸してきたから。自分しか知らない場面での自分、というのは、ずっと誤ったままである可能性が高い。確認、精査、改善、最良化のプロセスがごっそり欠けたままになっている。もしかしたら自分のお尻の拭《ふ》き方はスタンダードではないのかもしれないと思っているのだが、これについての精査や改善、あるいは共有の場はこれまで与えられてこなかった。つまるところ、これらは誰かのために最良化する必要性が問われないから、確認が求められなかったのである。みんな、お尻はどうやって拭いているのだろう。股《また》を広げて拭いているのか、片方のケツをひょいっと上げて拭いているのか。自分はこちら、と表明すらできないのは、もしかしたら圧倒的なマイノリティかもしれないという恐怖が拭《ぬぐ》えないからなのだ。

排便行為とは異なり、周囲からは隠蔽《いんぺい》されながらも対人なくしては行なわれないのが性行為ということになるが、この場で交わされる言葉にもまた、石山くんの和式便所に直面した我々のように「言わないでおこう」という配慮が起動する。

本書の男性編集者から「性にまつわるキーワードもひとつ入れておきたいですね」と提案され、具体例を問い質《ただ》すと、「例えば、『顔に出していいよ』とかですかね」と即答された。打ち合わせを終えて家に帰ると、「『口に出していいよ』のほうがより『正解らしさ』があるような気がしてきました」とメールが届いた。

顔でも、口であっても、「出すよ」ではなく「出していいよ」だから、これは女性による発言だと分かる。男性本位に作られているAVの世界では、むしろ勝手に中に出すという構成が多く、その時に「中に出していいよ」と女優から促すシーンも散見されるが、実のところ、個人的な直接的・間接的経験としてこの「出していいよ」を知らない。かといってこの編集者が、そう言われる体験を数多く持ってきた、と考えるのは尚早で、彼の中で、ある一定の汎用性《はんよう》を持つ言葉として「顔に出していいよ」がすぐさま頭をよぎったのは、「顔に出していいよ」の実体験ではなく、「顔に出していいよ」という言葉の存在確認を無自覚に繰り返してきたからである。早速こちらに提案してみたものの、改めて考えてみた時に、顔ではなく口かも、と不安に駆られてしまったのは、性の言葉をこのように他者と共有する場面はなかなかやってこないからなのだ。

今回のように「セックスの時にこちらがついつい言ってしまう、あるいはあちらからよく言われる言葉を例示してください」と問われる機会など、日常生活ではそうは訪れない。すっと「顔に出していいよ」というフレーズを出したくせに、しばし考え込んで変更を申し出る、という展開は、性の言葉の隠蔽性を改めて教えてくれる。

日常的には隠蔽されている性の言葉と行為を積極的に開示しすぎるのがAV。AVは性の言動を司《つかさど》ってきた。シェアすることができないから、その積極的な開示を「強めのスタンダード」と設定して思い思いに引き算をするのだが、どれくらいの引き算をするべきなのかは分かり得ない。誰も教えてくれないから、共有できない。女性に対して取ったアンケート「彼のセックスのここがイヤだ！」の結果の一位は必ず「A

Vのような乱暴なプレイをしてくること」だ。「強めのスタンダード」からの引き算が充分ではないのかもしれない。でも、どれくらい引き算すればいいのかについて教えてくれる人はいないし、これまでその指標が示された試しはない。

女性向けのアダルトDVDレーベル「SILK LABO」を立ち上げた牧野江里は、「AVだと、手で愛撫《あいぶ》しただけで都合良くすごく女の人が濡《ぬ》れて、はい挿入って流れじゃないですか。あれはローションを仕込んでおいて、女優さんの体に受け入れ態勢を作ってるんですよね。それなのに（中略）『嫌よ嫌よも好きのうちなんだろ』ぐらいのノリで興奮する人も結構多い」と言う（北原みのり『さよなら、韓流』河出書房新社）。

男に向けて都合良く与えられた情報では女が満足できないからこそ、女のためのアダルト作品を作る。女性向けAVが広まることで徐々に「強めのスタンダード」の虚構と誤解が露《あら》わとなろうとも、だからといって、性の言動がニュートラルに向かっていくわけではない。なぜニュートラルに向かえないのか。それは和式便所の仕方と違って、セックスのニュートラルは一度も設定・共有された経験を持たないからなのだ。

AV監督のバクシーシ山下は『ひとはみな、ハダカになる。』（イースト・プレス）の中で、何が撮りたいって「ふつう」を撮りたいのだし、その「ふつう」こそ撮るのが一番難しいと書く。この場合の「ふつう」とは「世間一般の、最大公約数の」という意味ではなく、「ある設定がされている場合に、その中で自然なふるまいや対応として現れること、もの」という意味での「ふつう」だとする。

男は女に「本当は感じている」と思ってもらいたいあまり、セックスを見誤りがちだとしているが、かといって、ここでもセックスのニュートラルが明示されているわけではない。やっぱり明示されようがないのだ。「ある設定での、自然なふるまい」とは、何だかんだで「顔に出していいよ」方面でしかない。「世間一般の、最大公約数の」とした途端に、具体的に示せなくなる。世間一般などないからだ。

対面する人を必要とするセックスから、議論を和式便所方面、つまり、独りで行なえる行為に戻して考えてみたい。マスターベーションだ。専門誌『体育科教育』(二〇一三年八月号)が「男子のための性教育」という興味深い小特集を組んでいる。「マスターベーションの仕方を知らない男子たち」と題した岩室紳也(公益社団法人地域医療振興協会ヘルスプロモーション研究センター長・当時)のインタビューはとりわけ衝撃的で、近年、その正しいやり方を知らない男子が激増しているという。

どう誤っているというのか。「ペニスを強く刺激するケースが多いです。本の間に挟んだり、叩いたり、ベッドにこすりつけたり……」、こういった誤った〝取り扱い〟が、ゆくゆくは射精障害につながっていくという。射精障害とは、問題なく勃起《ぼっき》するものの正常な射精が行なえない状態。射精障害には早漏・遅漏も含まれるが、その射精障害の中でも「自慰では射精できても膣内《ちつない》では射精できない＝膣内射精障害」が増えてきているという。

誤ったマスターベーションの知識を持ちがちなのは、「経済的にしっかりした、しつけに厳しい家庭で育った一人っ子の男子」に多いそう。「保護者は教育熱心で、子どももその期待に応《こた》えようとする。『悪い友だちと遊んではダメよ』としつけられて友だちとの人間関係は浅く、トラブルは極力回避しようとする」家庭が目立つ。生真《きま》面目《じめ》な親に過剰に守られるあまり、性についての知識を得る機会が極めて限定的になる。石山くんの和式便所のように、過《あやま》ちを指摘される機会を持たない。マスターベーションのニュートラルを知らされることがない。

射精障害で治療に来た三〇代のエリートサラリーマンの例、「（男性器を）ちゃんとむいて洗っていますか？」に対して「えっ、そこは母から触るなと教わりました」との答えには思わず笑い転げてしまう。岩室は、マスターベーションについて「年上やませた男友だちとの人間関係を通して学んでいった人も多いでしょう」と確かな指摘を加えてみせた。確かに、中学サッカー部の部室に常時転がっていたエロ本は、保健体育の教科書とは比較にならない情報を与えてくれた。

親や先生が性情報を遮断すると、子どもはその遮断（つまり検閲）を経た情報だけで性を学び、性を得る。性は無闇矢鱈《むやみやたら》に清らかで健全なものとして維持され、少しでも曇りがかった情報は前もって隠匿《いんとく》される。しかし、性にまつわる情報なんてものは、そもそも、晴れやかなものと曇りがかったものを区分けすることができない。「子どものことを思って正しい性知識を」と口を揃《そろ》えるのだろうが、「正しい性知識」など、一度たりとも正確に設定されたことがないのだ。もし「正しい性知識」がすでに教育現場で整っているとの弁を許しても、それが自分の股間《こかん》の洗い方を知らない三〇代を生んだのだとすれば、その「正しい性知識」とやらがいかに非現実的かを証明してしまう。

あらゆる子どもが相応の年齢でサンタクロースはどうやらいないらしいと自然に気付くのと同様に、性知識というのは相応の年齢で自然と身に付いていく。性知識の全てを保健体育の教科書で学んできた子どもはいないし、ある日「サンタなんていないんだな！」と言いふらす人がいないように、「そうだったのか！　セックス」と池上彰風に言いふらす人もいない。男子ならば、先輩や同級生から渡ってきたエロ本、A

V、あるいは早熟な誰かからの伝聞、そこに保健体育の教科書に載っている性器の図などをまんじりと見やり、頭の中に溜《た》め込んでオリジナルブレンドで調合していく。つまり、頭の中で整理した「自慰」や「性行為」の知識は、「ハイブリッド」な情報を自分なりに混ぜて混ぜて、ようやく頭の中で固まったものなのだ。

　これは有害図書指定の議論ともかかわってくるが、性にまつわる情報を常にネガティブなものと設定してはいけない。何度も繰り返してしまうが、性についての言動に「ニュートラル」はあり得ないのだから。

「でも、間違いがあってはならないでしょう」という、お子さんをお持ちになる保護者の皆々様お得意の命題を行使して（ちなみに中絶件数は一九八九年には約四七万件、二〇〇九年には約二三万件と半減している。厚生労働省調べ）、保護者は教育者と結託して、子どもに向かう性情報を徹底的に管轄《かんかつ》して覆《おお》いたがる。性＝ネガティブなものと密封されてしまうと、思春期にやってくる「股間の変動」ですら理解できず、独りで抱え込んでしまう。先述の特集で村瀬幸浩（一橋大学講師・〝人間と性〟教育研究協議会幹事）が「マスターベーションの肯定的理解を」と訴えているが、そのために必要なのは、まずは密封を解き、思春期の子どもたちに対して多様な情報とそれを知った上での選択肢を与えることに違いない。行政が「正しい性教育を」と隠蔽の方法をだらだらと更新し続けるのは一見結構なことのように思えるが、それよりも「学校の先輩からエロ本がまわってくる」環境、その余白に一定の信頼を寄せておくほうが、それなりに正しいマスターベーションや性知識が培《つちか》われていくのではないか。AVに映し出されるセックスからどれくらい引き算すればいいのかはシェアできないが、少なくとも大仰に作られていることは、情報をシェアさえすれば否応《いやおう》なく気付くことができる。「レイプ　動画」と検索すれば一直線にレイプ動画に辿り着けてしまう現在、性を知る初期段階に用意すべきは閉鎖的な環境よりも開放的な環境なのだと思う。あちこちで開放されれば、自分の嗜好《しこう》がどのポジショニングかを把握することができる。「石山くん×和式便所」の悲劇を、セックスやマスターベーションで起こす可能性を減らすことができる。

東京都議（当時）の塩村文夏《あやか》に「産めないのか」とヤジを放った鈴木章浩《あきひろ》という議員がいたが、騒動が一段落した後にひっそりと『正論』（二〇一四年九月号）の座談会で言い訳を繰り返している。「『早く結婚しろよ』批判報道が封殺したこと」と題して、麗澤大学教授・八木秀次《ひでつぐ》、ジャーナリスト・細川珠生《たまお》とともに登場。八木に「（産めないのか発言のような・引用者注）たいしたことないことでも、物理的に体を触ったり卑《ひ》猥《わい》なことをしたり、そういうことと同じカテゴリーでくくられると、世間のイメージは途端に悪くなるからです。鈴木議員もダメージを受けたのではないですか」と励まされると、それに対して鈴木も「支持者の方には、『よくよく考えれば、たいしたことないじゃないか』と言われることが多いです。ありがたいことに」と、すっかり居直ってみせた。これまで性に「ニュートラル」はない、と何度も繰り返したが、彼らがこうした勘違いを「たいしたことじゃない＝普通」と規定し続けるのは、性における言語を男が定めて構わないと信じきっているからである。中出しAV的着想だ。

牟《む》田《た》和恵《かずえ》『部長、その恋愛はセクハラです！』（集英社新書）はこうした「直接触ったわけでもないんだしさ」という類《たぐ》いの横柄《おうへい》が蔓延《はびこ》る主因について、「女性たちには、不快な、意に反した性的接近をされ、セクハラや痴漢に遭う場合ですら、はっきりとノーを伝える言葉がありません」と訴え、「女性がしゃべる日本語に『ノー』がないのは女性が置かれた社会状況の反映」なのだと書く。男が女に対して、ひたすら女らしくあることを強要してきたから、女性は性にまつわる現場に、言葉を投じる機会を与えられてこなかった。男が「よくよく考えれば、たいしたことないじゃないか」とサラリとかわした気になっていられたのは、女性の言葉すら男性が用意してきたからだ。

一九八〇年代に入って量産され始めたAV、バブルの勢いとリンクするかのように注がれまくったAVの言語は、どこまでもマッチョであり、この時代に醸成されたマッチョな言葉は、石山くんの和式便所のように、閉じられた中で更新を続けてきたのだ。「顔に出していいよ」「どうだ、気持ちいいんだろう？」「あなたの〇〇をください」「どうにでもして〜」等々の言語は、一度たりとも「本当にそうだろうか」という査察を受けずに泳ぎ渡ってきた。

言葉で自らを語ることが少ない建築業者の職人たちにインタビューを繰り返した建築知識編集部・編著『建設業者』（エクスナレッジ）という本がある。鉄骨鳶《とび》・非破壊検査・板金工・畳張り・宮大工まで、三七人の職人の声を拾い上げている。普段、身体を使うことを生業《なりわい》にしている人たちの言葉は、言葉を生業としている人たちが簡単に撒《ま》いてしまう言葉に対して、そんなものにはちっとも反応できやしないと、異議を申し立てる。

ある板金工が静かに口を開く。「こんなことを言うと失礼かもしれませんが、最近感じているのは、『イメージと違う』とおっしゃる先生には、そもそも確固たるイメージが最初からないのではないかということです」「ガルバの板をどのように加工するとどのような屋根が出来上がるか。それだけの話なのですが……」

専門性の高い職種の人たちは、その中で使われている言葉を率直に行使してくる。建築家が指図する「イメージ」は、ひとつの家を造る上で、多くの物事よりも優先されるのだろう。しかし、ベテラン板金工は、そもそもそちら様はイメージを持っていらっしゃるのでしょうか、と疑っている。疑いながらも、その言葉を職人たちが致し方なく背負っていく。

建築とセックスの差がそこにある。つまり、セックスの言葉は誰も引き受けることができないし、閉鎖的なまま浮いている。セックス産業が膨れ上がるのは、言葉に制約がかからないから。本来、建設現場以上に肉体を行使する現場であるはずのセックスだが、肉体で引き受けずに言葉で動いていく。その言葉が積み重なれば積み重なるほど、スタンダードやニュートラルを設定することが難しくなる。誰とも共有したことのない言葉をシャットアウトすることはできても、それを「あなたが欲していたのはこういう感じだろう？」と板金工が示すようには提示できない。「顔に出していいよ」が、どこでどれだけ流通している言葉なのかを示すことはできないし、やっぱり「口に出していいよ、ですかね」と申し出てくる編集者に、「何言ってんすか、こっちっすよ」と答えることはできない。それに明答できるほうが怪しいし、たとえ答えられたとしても、決して「性を理解している」ことにはならない。無知も恥ずかしいが、堂々とした有知もまた恥ずかしい。性の言葉は、公《おおやけ》には誰にもどこにも帰着させられないのである。

09

国益を損なうことになる

オールでワンを高めるパラドックス

「われわれ」とか「みんな」という集合的人称を信用してはいけない。そういう幻想への忖度《そんたく》、気遣いというものがいかに事態を悪くしているか。自分で少し自信がないなと思っても、声をあげて言う。モグモグとなにか言う。あるいは、つっかえつっかえ質問をする。理不尽な指示、命令については、「できたらやりたくないのですが……」と、だらだらと、ぐずぐずと、しかし、最後まで抗《あらが》うしかないと思います。

（辺見庸《へんみよう》『いま語りえぬことのために　死刑と新しいファシズム』毎日新聞社）

「ワン・フォー・オール、オール・フォー・ワン」とは、ラグビー競技でしばしば使われるスローガンだが、ワン・フォー・オール（一人は万人のために）については、どこに転がるか分からないラグビーボールのように、わりかし怪しい。達成を正確に計測することが難しいスローガンである。ワンがオールに尽くしても、オールはいつまでも姿形を明らかにせず、単に「僕自身はそう思っているんだけど、なかなかオールが頷《うなず》かなくってね」などと、ワンの言い訳に使われてしまう。そんなやり取りを何度か繰り返しているうちに、ワンがあちらこちらから集って尽くしたことで成り立っていたはずのオールの姿がどこにも見えなくなってしまう。

テレビをつけると、「株価の上昇が、一部の大企業にしか還元されていないという声も聞こえます。残念ながら日本経済はまだ隅々まで景気の改善を実感できる状態ではない。でも私はかならず、アベノミクスはこれから日本全体を元気にすると、そう確信しています」、そんな宰相の声が聞こえる。いわゆる経営や経済は常に「オール」の隆盛を大前提としてきた。前提にはしたものの、オールはいつまで経《た》っても姿を現さない。オールに訴えかけるつもりで上長に訴えてみても、その上長は、途端にワンの立場に戻って「おまえの気持ちも分かるんだけど」と言って、忠犬のようにワンワン鳴きながら、会社というオールの意見を踏襲するだけの飼い犬に留まってしまう。どうしたって見えないオール。

マレーシア第二の都市ジョホールバルでパン屋を開業した日本人実業家のドキュメ

ンタリー番組を見た。彼には学生時代にバンドを組んでいた親友がおり、卒業後、日本料理屋で修業を積んでいたその親友を誘い出し、異国の地でパン屋を開くのだという。

開店の日を目指して試作品を作り続ける日々が始まるのだが、日本料理屋で、ワン（料理長）とオール（その他全員）が執着・密着することこそ職人の世界の真髄と教え込まれてきた親友の料理長は、現地採用した若いスタッフと全く馬が合わない。自分がワンにかしずいていた頃を思い出しながら自分をワンにしたがる彼を、露骨に煙たがる現地のその他オール。みるみるうちに溝が深まっていく。パンの製造工程の基礎中の基礎である、卵を何個も割り続ける作業をかったるそうに続ける現地スタッフの一人が、卵の殻を少しも入れてはならない作業のハードルを勝手に緩めて、殻を完全に取り除かないまま、パンを焼き上げてしまう。

料理長が、ガリッと殻が混じった食感を確認すると現地スタッフに激昂《げきこう》、小太りで根の優しそうなスタッフは苦笑いを浮かべながら、作業へ戻っていく。怒り散らした彼が厨房《ちゅうぼう》からいなくなった頃合いを見計らって、小太りの彼が現地スタッフを集めて井戸端会議を開く。ったく、これくらい入ってたって気にならないよな、と彼。カルシウムにもなるしね、と慰めの言葉をかける仲間たち。

この仲間たちの身勝手さが清々しい。自分の背中を見てノウハウを得てほしいと考える職人気質の料理長に募る不信感に理解を示し、現地スタッフ同士で「っていうか、どうして彼はいつも説明をしてくれないのだろう」と不満顔で頷き合う。その日を境に一人、また一人とスタッフが辞めていってしまう。実業家の妻は現地スタッフの態度に呆《あき》れつつも、それがこの国なのだ、としみじみ語る。

ここマレーシアの教育では、ABCと教えられたらそのままABCとしか覚えない。なぜABCなのか、あるいは別の選択肢、例えばDやEがあるかなどとは考えない。であるならば、ABCを順立って教え込んで覚えてもらえばいいのでは、と思うのだが、そう簡単ではない。ABCについて、学んで得るものではなくて元から自分に備わっていると思っている節があり、もしもそれがABCに到《いた》っていない場合には、背中を見せて感じ取れではなくて、ここがこう足りないと何度も指摘を繰り返さなければABCには辿《たど》り着かないという。それはそれは冷徹な分析だった。

日本人の職人気質は、Aだけを見せてEまで辿り着かせようとしたり、そもそもオマエはAの精神性を理解していない、そんなヤツにCが分かるかと、勝手なカースト制から理不尽な見解を敷いて、どうだオマエ自身でなんとかしてオレを飛び越えてこい、でなければオマエはいつまでも本質には辿り着けないぞという顔を強烈に向けて、下位の立場であることを何度も何度も重ねて周知させようとする。「みんな」「オール」をまとめる方法として、明確なトップバッターと、そのトップバッターに従う人たちとに区分けする。そしてその距離感をより狭めることを「一致団結」と呼ぶ。組織の「われわれ」という言葉は、こうして決まりきった形で作られ、継承されていく。マレーシアの現地スタッフが気持ち良いのは、発生した不満を解消したり飲み込んだりせずに、本当に次々と辞めてしまうところだ。料理長のことが信じられなくなりました。うん、僕も、そんなの私もよ、と立て続けに辞めていくのだ。

同じ時期に見た、京都を舞台にした新人舞妓《まいこ》さんのドキュメンタリーでは、同世代の中で突出して踊りの下手な女の子が、自分だけどうしてこんなにもヘタクソなままなのかと悩んだ挙句、休みを利用して実家に帰ってしまう。お稽古《けいこ》ごとを教える先生は、実家に戻って考えてみて、それでも祇園《ぎおん》の女になりたいというのであれば戻ってきなさいと、一度彼女を突き放す。休みが終わる。そこには彼女の姿があった……。

私たちは、オールとワンが育《はぐ》むこの手の劇的さに飼い慣らされている。「マスター、いつもの」だけで一杯目の酒が出てくるかのような馴《な》れ馴《な》れしさで、いつものどんでん返しを嗜んできた。でも、マレーシアのスタッフはどんどん辞めてしまう。無理だと思ったら、頑張らずにそそくさと辞めてしまう。「教えてもらったくせに薄情ものめ」と苛立《いらだ》ちながら彼らの存在を片付ける前に、この淡々さに気付かされることはないのだろうか。

サッカー日本代表の本田圭佑《ほんだけいすけ》が、ブラジルW杯出場を決めた翌日の記者会見で、ニヤけ顔のメンバーたちを叱咤《しった》しつつ、「個の力」が必要だと言及していた。彼は、それぞれが自立した選手になって個を高められるかが重要だと、顔を強《こわ》ばらせた。その後、日本のメディアは「本田選手が『個の力』と言ったのだから、みんなで個の力を高めなければいけない」という誤変換を堂々と行なったし、選手たちもどうやらそれにつられてしまった。この判断がW杯での残念な結果を呼び込んだのかどうかは知らない。いずれにせよ、圧倒的なワンが「ワンを高めろ」と言っているので「オール」で「ワン」を高めようとひとつになるパラドックスが、「絶対に負けられない」というスローガンによってあたかも正攻法のように機能していた。

最も影響力のある人による個人的な所作を、なんだかんだで全体の働きかけにしていくことが、サッカーのみならずこの国は得意である。結婚式の二次会の誘いに「平服でも可です」とあってもスーツで行くのは、「平服でも可」とメールを回した幹事がスーツで来るとみんな知っているからだ。個人の意思を抑えて、集合体のスローガンを優先するシステムが個人のOSにアプリケーションとして内蔵されているらしい。多様性が、その時々の一律性を育んでいくのだ。マレーシアのパン屋のように、次々と辞めていかない日本の国民性とも言える。辺見庸が言う「自分で少し自信がないなと思っても、声をあげて言う」というシンプルな宣言に勇ましさを覚えなければならないほど、声をあげることへの弱体化が甚だしい。（この本ではしばしば登場する）自民党の改憲草案は、これからの「オール」と「ワン」をどう定めたいかを知らせる。

現行憲法「すべて国民は、個人として尊重される」

自民党案「全て国民は、人として尊重される」

と、個を意図的に引っこ抜いてみせた。この事実は重い。尊重されるべきは常に個人だとは限らないと、彼らは明記したがっているのだ。むしろ、「I」の前にまずは「We」の一員として承認されるべきでしょう、と。この劇的なビフォー→アフターは、サッカー日本代表の記者会見→W杯の結果と、そんなに遠くないのではないか。

つまり「個」の力を「みんな」で共有した結果、いつの間にか「個」が消えてしまう。それぞれに個を高めてからブレンドして共有に至るのではなく、今そこにある少ない個を薄めて寄ってたかってしまう。ふかわりょうが一言ネタで言うところの「おまえんちのカルピス、薄くない？」だ。今の宰相は「国民を守るために」という言葉を使いながら、「国益」や「国家」という言葉をつなげていくのに長《た》けている。無論、彼にとって大切なのは後半部分であって、前半の「国民を守るために」は、知らぬ間に後ろ側に託されて、薄らぎ、まぜこぜにされてしまう。「個」をステージ上にあげたものの、いつの間にか「個」を消してみせているわけだ。

彼らの規定する「私たち」とは個人ではない。「I」の集積ではない。集いまくって「I」を「We」にするのではなく、「We」が切り刻まれて「I」になっていくという算段だ。繰り返しになるが、彼らは「個人として尊重される」から、わざわざ「個」を抜こうとしているのである。

憲法学者の石川健治は、朝日新聞への寄稿「『いやな感じ』の正体」(二〇一四年六月二八日)を、高見順の長編小説「いやな感じ」を紐解《ひもと》くことから始めた。「俺」と「社会」は分離されている。「俺」は無政府主義者としてテロリズムに身を投じる。しかし満州事変を契機に「一時的な例外状態であり、そこを乗り切れば旧に復する」という暫定《ざんてい》が、いつの間にか「俺」を変えてしまう。蝕《むしば》まれる「俺」。「国家権威を打倒するはずだった『俺』は、気がつけば大陸戦線にあって、哀れな中国民衆の首を切り落とし、その官能の頂点において発狂しておわった」。「俺」が感じた「いやな感じ」、これを「封じ込めるのに成功したのが、日本国憲法の最大の貢献であった」と石川は書く。そして、今再び憲法が、『危機』を口実に、『国民』の手から最も遠いところで変えられようとしている」のだし、そこに「〈個の否定〉と〈他者の不在〉が含まれているのは、間違いない」とした。

本田圭佑は、「ビッグクラブでプレーしている人と一緒にプレーできるのは楽しい」と発言した今野泰幸《やすゆき》に対して、「自分が前に出るという強い気持ちをもって集まっているのが代表。真司《しんじ》や佑都《ゆうと》のようにトップクラブでやっている選手もいるけど、そうじゃないリーグやクラブでやっている人もできることがある。それを今野選手のように憧《あこが》れみたいな気持ちでやってもらっては困る」と批判してみせた。この会見での発言は、これから一世一代の勝負に向かう人間の心意気として手放しで礼讃《らいさん》された。

その後、ACミランに移籍した本田は、本来のポジションを与えてもらえずに苦しんだ。そのことを記者に問われると「今、右でやらされていることは何か意味があるんだな、と捉《とら》えてはやっていた。やはり〝個〟という面では常々、今まで過去4年間ぐらい言ってきたが、ここにきて思うのは、やはり〝個〟では、この〝個〟ということにトライしてきても、たった4年間では通用しない。その部分というのは想像していた部分ではあったが、はっきりわかった部分としては、そこを競争する必要はないのかなとも思うようになってきた」(「サッカーキング」)と答えた。

石川が指摘する「いやな感じ」と本田の「個」発言はつながるのだろうか。さすがに強引か。俺は誰よりも個であったのに、いつの間にか俺という個は、やがて集団であることに意味を見いだしていた。これらの流れはサッカーチームから国家まで、あるまとまりにおける「民主的」な姿を探すためのヒントを与えてくれる。石川はこう懸念《けねん》する。

「『民意』は本来ひとつであるから、『民意』によって選ばれた単一の存在が、少なくとも次の選挙までの間、一元的・集権的な権力をふるうのが筋というものであり、それを阻《はば》むコントラ・ロールの存在はむしろ反民主的である、という考え方」が蔓延るが、そうではなく、内なる他者を置く立憲デモクラシーこそ重要ではないか。そしてそれを持つのは現行の日本国憲法だとフォローしていく。

明確な個を素直に羨《うらや》んできた今野が「内なる他者」とも思えないが、あの手の場面で「われわれ」とか「みんな」をひとまず遠ざけていた人物であることは確かである。

今、この国が育んでいる一致団結への信頼感は、果たして本当に勝負ごとに向いているかどうか、考え直さなければいけない。自分たちに溜まった問題点をうやむやにして、問題点を薄めながら、「私たち」という主語をあちらこちらで獲得しようとする働きかけに危うさはないか。「国益を損なうことになる」「日本の存立が危ぶまれる」という言い方を、何とかの一つ覚えのように繰り返している。生まれてこのかた三十数年、「私」の延長に「国益」を用意したことなどないが、「国益」を薄めたところに「私」があるのですよ、というのが、「すべて国民は、個人として尊重される」を「全て国民は、人として尊重される」に変えようとする人たちの本心であり方針なのだろう。

目立つ個に個が吸収されて全体化していく。これは個人主義でもなければもちろん民主主義でもない。全体化の後に残るのは、大量のまったく曖昧《あいまい》な単体である。この風土に抗うためには、辺見の言う「だらだらと、ぐずぐずと」が有用になってくる。従順にならない個人。頷かない個人。煩悶《はんもん》する個人。あるいはマレーシアのパン屋のスタッフのように、本当に退く、本当にいなくなる、という選択肢を持つこと。いや、でも、それだけでは権力を分立させるための「内なる他者」が成り立ちにくくなる。

主語を明確に持てる個人が少ない。いつの間にか、国益という主語を平気で個人や組織が使うようになった。ヘリコプターのホバリングのように、この言葉を使えば、公平中立を保ちながら概観することができるという妄信と過信。強い言葉は自分の身動きを担保してくれる気がする。でも、気がするだけだ。

「ずん」の飯尾和樹《かずき》というお笑い芸人に「現実逃避」というネタがある。ゴロゴロ寝転がりながら、他人任せのセリフを言い放つシリーズだ。

「平日の昼間からゴロゴロォゴロゴロ。あ〜あ、オヤジがトム・クルーズだったらなあ」

「平日の昼間からゴロゴロォゴロゴロ。あ〜あ、ウインクひとつで、何でも手に入ったらなあ」

「平日の昼間からゴロゴロォゴロゴロ。あ〜あ、ここ二、三日のうちにスピルバーグ監督の目に止まんねーかなあ」

「平日の昼間からゴロゴロォゴロゴロ。あ〜あ、オバマ大統領と家族ぐるみの付き合いできたらなあ」

「I」と「We」の関係性を見事に瓦解《がかい》させている。確かな私と、圧倒的な他人任せが混ざる。これがシュールなお笑いネタとして機能しているのは、こういったゴロゴロオヤジに対して、建設的に投じる言葉を探せないからだ。自分とは何者であるかをはぐらかす。ゴロゴロ寝転がる飯尾には何を投じても響かない。

でも、「ここ二、三日のうちにスピルバーグ監督の目に止まんねーかな」と望む個人は、好戦的な「国益」を受け止めることで闇雲に奮い立つ個人よりも、明らかにその人ならではの個人である。「だらだらと、ぐずぐずと」個人を獲得している。つまり、集合的人称を信頼していない。これほどまで極端な断ち切り方を獲得しなければ、どうやら個が保てない時代がやって来たらしい。ならば「だらだらと、ぐずぐずと」、そして「ゴロゴロ」としていたい。

10

なるほど。わかりやすいです。

認め合う「ほぼ日」的言葉遣い

自分の見地をひとまず放っておくズルい手法だが、「糸井重里っぽいものが好きになれない」と投じてくる人には漏れなく「どこが嫌いなの?」と問うことにしている。明確な答えが出てきた試しはない。「ああいう感じがもう」とボカしたり、「あそこら辺ひっくるめて」と薄めたりする。話を詰めていくと、彼が、「これ」ではなく「こういう感じ」を提案してくるのが好きになれないようなのだが、「これ」ではなく「こういう感じ」を出してきたことに、「ああいう感じがもう」と返していくのは、投じた側の手の平で踊らされているようにも思える。

自意識過剰な人間は多い。自分で自分を指差しつつそう思う。例えば小生、街中でホームレスの方々が売っている雑誌『ビッグイシュー』を買うことに未《いま》だに躊躇《ためら》いが生じてしまう。一冊一七〇円で仕入れて三五〇円で売り一八〇円の利益を得るこの雑誌は生活支援として一〇年以上も日本で定着している。まったく寒々しい自意識だが

「あの人、社会貢献したくって買ってるんだ」と通りすがりの人たちから思われてしまうのではないか、という警戒心が発動する。誰も貴様に目など向けていないとわかっているはずなのだが、躊躇《ちゅうちょ》が一向に消えない。

糸井の仕掛けに付随する言葉は、直接的に「善人」に向かわずに、ひとまず「善人っぽさ」を提示していく。震災後に彼が出した書名にもなった「できることをしよう。」とのコピーライティングはとてもテクニカルだし、確かに有機的だった。張りつめたムードに押されて何も行動を起こせなかった中で、何でもかんでもやるのではなく、できることをしよう、と個々人に動き方を優しく教え諭《さと》す言葉だった。この期に及んでも善人になる警戒心をまとっていた体を動きやすくした。

人と糸井の話になった時、肌触りの良いタオルみたいなものなんじゃないかと切り出したことがある。衣料用柔軟剤のCMでは、この柔軟剤を使うと、タオルがこんなにフワフワになりますよという映像を作ることが多い。太陽の光を浴びた洗濯物を畳むお母さんの元へ、なぜだか子ども（少年野球から帰ってきた風呂あがりが多い）がやってきて顔をタオルに突っ込む。「ふわふわ〜」と嬉《うれ》しそうな表情。お母さんがカメラ目線になって「だって、○○だもんっ！」と商品名を叫ぶ、あのイメージ。

効果を明示したい時、例えば食器用洗剤のCMは、油でギトギトになった皿の真ん中に洗剤を一滴垂らす。みるみるうちに油が皿の隅っこに寄っていく。「さすが、〇〇っ！」

このように、柔軟剤と洗剤の役割は違う。前者が提供するのは感覚・感触であり、後者は効果・実益だ。数値の基準をいくらでも見せつけられる後者に比べて、前者は一五秒で効果を証明する手立てを持ちにくい。だから、子どもにタオルに向かって突っ込んでもらうしかない。日頃、子どもはタオルに突っ込まないが、突っ込んでもらわないと画面からその感触を伝えることができないのである。「ほぼ日」（ほぼ日刊イトイ新聞）のウェブコンテンツは、端的に「ふわふわ〜」が伝えられている。売り出されているグッズを見ても、コレですぐに汚れが落ちるという効果を押し出すものではなくて、暮らしの感覚が程よく改まるものばかりだ。その名もずばり「やさしいタオル」という商品もある。いつもポカポカと太陽の光を浴びている。

社会時事やノンフィクションの書籍を編集する立場だった時、「暮らしの感覚が程よく改まる」方向の本は、ひとつの仮想敵だった。あくまでも、見えない油汚れをほじくり出す洗剤の力を信奉していた。汚れを隠蔽しておきたい人や組織から汚れをほじくり出すために言葉を尽くすのがジャーナリズム。ふわふわのタオルの心地良さを嫌うことで、目指すべき骨太っぷりを継ぎ足していた。

タオルをふわふわにする柔軟剤は、なくてもひとまず白くはなる。だからこそふわふわの効能を直接訴えかけるのは難しい。「こんな時だから、力のかぎり、できることを全部やろう」と団結を促す言葉には頷くしかないが、この手の進言は漏れなくプレッシャーとなり、ノルマ化し、体を硬直させてしまう。ところが「ぼくたちにできること」だけをしようとするメッセージは、ここへきてもアナタ自身が主役かいという意地悪い意見さえかわせば、能動的に体を動かしやすくする。

「不思議、大好き。」「おいしい生活。」「ほしいものが、ほしいわ。」を作ったコピーライターは、ニュアンスのスペシャリストである。ポイントを絞り込むよりもゾーンを開放する言葉の作り手だ。

ニュアンスを策定する。ニュアンスが「言葉などの微妙な意味合い」（『大辞泉』）という意味を持つことから分かるように、「微妙な」を策定するのは絶対的に難儀だ。ひとつの例として糸井のインタビューにあった「弟子と社員は違う」という議論を追いかけてみたい（「糸井さん、ぜんぶ聞いてもいいですか?」「cakes」）。

会社を運営する上では弟子と社員をごっちゃにしてはいけないという。

「弟子っていうのは、極端にいうと叩《たた》いてもいいんですよ。その人がひとりで食っていくために『原料』を仕込んでいるところなんで、麦踏みしてもいいんです。そりゃ実際に叩きはしないけど、自尊心をズッタズタにしてもいいし、そこまでされても向かってきてくれる人じゃないと、その宗派の教えは伝わらない」

旧来の体育会系的発想がふわふわのタオルによって優しく変換されている。「おい一年、何、水飲んでんだよ！」の力学が、包み込むようなタオルとして機能する。「麦踏み」とは、「何、水飲んでんだよ」のふわふわタオル訳だろう。程よい体育会系エッセンスが、行き着く目的地を変えずに弟子の存在を高めていく。一方、社員はこうだ。

「こころをぶん殴るような弟子とはまったく逆で、『守ってやんなきゃいけないひと』なんですよ」「守ってやんなきゃいけない人に対してダメ出しするときには、『どこが悪かったと思う？』って話になるし。『惜しかったね』って話になるし。『これでもいいけど、ここをこうしたらもっとおもしろくなるんじゃない？』にもなるだろうし」。その上で、今は弟子がいない、とした。

スマートな二つの会話だが、解析するのは簡単ではない。柔軟剤は効能の分析・証明が難しい。いずれにせよ、弟子と社員を規定するのは糸井だ。規定される側は選べない。わりかし堂々と、受け取る側のメンタルを操縦していますと宣言する。労働者のメンタルをよほど理解しているという前提がなければ難しいだろう。

ブラック企業経営者は、この「おまえのことを理解しているぞ」を脅しに使うかのように持論をスローガン化させる。本田由紀『軋《きし》む社会　教育・仕事・若者の現在』（双風舎）にある、居酒屋チェーンの師範（代表取締役をこう呼ぶという）から従業員へ向けたメッセージはこんなものだ。

「坂本竜馬や西郷隆盛、吉田松陰のように、志をもったためちゃくちゃかっこいい真のリーダーが育っていく会社にしたい。日本の未来のために、使命感をもった、熱いリーダーたちと、これからの時代を動かしていく、そんな会社にしたい。もっと、もっと、日本中を最高に熱くしたい。」

「もっと、もっと、最高にプラスの影響を、夢を与えていきたい。〈中略〉そして、みんなが、誇りに思える会社にしていきたい。していく。する。」

共振を訴え、嘆願をちらつかせ、でも最後には強制性が滲《にじ》み出てくる。弟子か社員かなんて考えず、正社員も派遣もバイトも構わず、自分の理想に「していく。する。」。こういった労働者のメンタルを放棄させる働きかけと比べ、弟子と社員を勘違いしてはいけないと投じる糸井のニュアンスはとてもテクニカルなポジショニングに見える。

「ほぼ日」を開設してからしばらくして、糸井は『インターネット的』（PHP新書）という本を出している。先頃、「発刊から十年を経て、『まるで、予言の書！』と再評価の声が高まっている名著」（版元紹介文より。PHP文庫）と銘打って復刊されており、メディアの変革によって言葉の使われ方がいかに変化していくのかを、前もって予測していた本として位置付けられている。

刊行当時に読んだそれを本棚の奥から引っ張り出しては乱雑に折り目が付いているところを読み直してみる。「文章を書くことが資格でも何でもなくなってしまった現在」に、あるべき文体について語る箇所だ。自分の折りっぷりに憤《いきどお》りが含まれていることが分かる。

「いままでの書き手は、わかりやすく言おうという意志よりも、かたちを整えようだとか、どう見られようというところで、がんばっちゃっていたように思います」

「つまり、わざわざわかりにくくしているために、わからなくなる、通じにくくしているために、通じなくなっている、ということをとにかくやめようじゃないか、と。知識や思考を武器にして自分を認めさせようというような場では、みんなでわざわざわかりにくいことを言い合っていることが多い」

わざわざわかりにくくしているために、わからなくなる……これまた肌触りの良いタオルだ。ブログ、ツイッター、フェイスブック、ライン、これらのコミュニケーションにおける文章が、なにかと善悪を区分けする傾向にある昨今だが、この時点ですでに、善でももちろん悪でもなく、「善人っぽい」指摘を繰り返していた。

糸井は続ける。

「この頃、対談原稿なども、しゃべったように書かれるようになってきています。わかりにくい書き手に対して、読者サイドが『あなたのわかりにくさに、つきあっていられません』と思い始めたのだろうと、ぼくは感じています。いわゆる〝書き手〟か〝読み手〟という『階級』が、なくなってきているのに、読み手は書き手より下だと信じている人たちが、難しいことをいかにも難しそうに語っているのでしょう」

こうなるとさすがに、「ズルいですよ」と口をはさみたくなる。「善人っぽい」アプローチに対して、それってどうよと物申すと、「悪人っぽい」どころかよほどの悪人と思われてしまう不可思議を受け入れて、それでもやっぱり抗いたくなる。

「読み手は書き手より下だと信じている人たちが、難しいことをいかにも難しそうに語っている」という評定、これはいかにも「インターネット的」な見方だし、「あなたのわかりにくさに、つきあっていられません」と拾い上げた読み手の声については、本当に聞こえてきた声だったろうかと疑わしくなる。つまり、そんなにすぐ、私たちは、音《ね》をあげているのだろうか。

「しゃべったように書かれる」行為のほうが、よほど、読み手は書き手より下だと信じている可能性はないだろうか。池上彰の「わかる！」、細木数子の「ズバリ言うわよ！」がどうしてテレビであそこまで受けたかと言えば、「下の人」たちがすがるように「上の人」たちの言葉を求めているからである。

言葉の迫力を感じるのは、自分に負荷をかけてきていると実感する文章に出会った時だと、それなりの本読みを自負するこちらは切に訴え始める。難関であることに酔いしれる文章も絶対的に多いけれど、読み手は書き手に食らいついていくことを当たり前のように捨てていない。糸井は、読み手と書き手の間に分け入って、読み手のほうを向いて「これまでのって、わかりにくいですよね？」と言い放つ。ふわふわタオルを広げてウェルカム態勢を築く。ズルい。

その「わかりにくさ」を取っ払うための実践に位置付けられるのが、「ほぼ日」に掲載されている多くの対談だろう。会話の一つひとつが短く、やたらと改行が多い。空間恐怖症のように詰め込まれた文芸誌や論壇誌の対談とは異なり、レイアウトにも余裕を持たせている。「しゃべったように書かれる」ために必須《ひっす》となるのは賛同を示すシグナルである。意見に賛同する意見を積み重ねていく具体的な話法とは「うんうん、なるほど」であり、「そうですね。わかります。」だ。「いや、それはですね」と反論すれば長くなるし、「こんな例もありますけどね」と他を例示すると、話は膨らむだけ膨らんで分かりにくくなる。

だからこそ、しゃべったように書かれるために、とことん承認が繰り返される。何回かスクロールすれば全体が読み終えられる長さの対談の中で（参照したのは、「ほぼ日」の早野龍五との共著『知ろうとすること。』の特設立ち読みページ）、糸井は、相手の話を受けた後に自分の言葉をつなげずに「なるほど。」「そのとおりですね。」「ああ、いいですね。自信を持って言う、というのは、すごくいいです。」「なるほど。わかりやすいです。」「そうなんですか。」「なるほど、なるほど。」とひたすら承認を繰り返していく。

確かに、その承認の連鎖によって、すらすら気持ち良く読むことができる。対談の温度感を伝えるために「（笑）」を入れたり、「ははは。」と大盛り上がりする様子を伝えたりするのと、この承認の連発とは位相が異なる。「なるほど。わかりやすいです。」と繰り返すことで、認め合う確認作業に読者を参加させることができる。終電過ぎても帰れない「ブラック企業」ならぬ、心地良く過ごせてますかと読者への配慮をずっと怠らない「ホワイト対談」である。文芸誌・論壇誌の対談はホワイト対談に慣れた人からブラック扱いされる。

作家が対峙《たいじ》する座談には必ずや思想が隠されているとする鶴見太郎『座談の思想』（新潮選書）は、菊池寛、桑原武夫、柳田國男、竹内好《たけうちよしみ》らの座談から日本の文学史・思想史を浮き上がらせる一冊。著者は座談を「思想的営み」と捉える。座談は、「相手に対する譲歩ではない。さりとて真っ向から対立している訳でもない」「会話の持つ弾力性によって裏打ちされた自在感に富むものである。その意味で同じ座談における人物同士には、異なる視点に立ちながら、お互いの間にそれまでの閲歴、仕事に対する理解が介在することが必要となる」とした。

丸山眞男と清水幾太郎が交わした座談では、最大公約数的に異なる意見をまとめようとする清水に対して、丸山が違和感を表明する。「清水が試みるような、曖昧な形ですべてを統一しようとすることには明確に反対の立場をとった。対立点があたかもなかったかのように整理しようとすることに耐えられない、というのがこの座談会を終えた時の、隠された丸山の本音だった」

どこかの新宗教の霊言シリーズのように今の時代に丸山が下り立てば、丸山は「あなたのわかりにくさに、つきあっていられません」と言われてしまうかもしれない。

なぜって今は、対立点なんてなかったかのように整理し、発想や思想や観点をシェアすることが対談や座談に求められているから。

承認が約束されたもの同士の承認をわざわざ確認するかのように読み手を安堵《あんど》させる対話は、スリリングさに欠ける。角と角がぶつかって丸くなっていくのか、一方がボロボロに割れてしまうのか、その具合がなかなか読めないからこそ、話者が映える。善人と捉えられるか、悪人と捉えられるか、あるいはその間で善人っぽく振る舞うか、そんなことは考えない。「なるほど。わかりやすいです。」なんて間違っても連発しない。

文芸誌の編集をしていた頃、対談を頻繁にまとめていたが、まとめるにあたっての力点として教え込まれたのは、「あるひとつの対話が終わったとしても、その対話で共振した部分や相容《あいい》れなかった議論は、後々になって再び形を変えて出てくる」ということ。雑多な論議を終えた文字起こしを読むと、例外なく話は散らかっている。必要な部分を取り出す、糸井的な作業で言えば、承認し合っている部分を抽出することはそんなに難しくない。話者と話者は大抵、「なるほど」「そうですよね」「わかります」と声に出して頷いている。しかし、思いの外、そこに強い思いはない。それは発言を承認したわけではなく、受け止めただけだ。そこで議論が終わったとしても、その対話を通して伝えたかった核の部分は形を変えて出てくる。

前半で一人の話者が「AはBだ」と語った。もう一人の話者はそれに頷かず、うやむやにした。前半で「CはDだ」と言った話者が最後のほうで「CはDだ」と語った。もう一人の話者はこれには頷いた。一見すると「A↓B」と「C↓D」に相関関係はなく、そのまま差し出すのが「わかりやすい」のだけれど、対談の醍醐味《だいごみ》は「↓」の性質を見極めるところにもある。対話者同士がなにかと共振する場合、あるいは反発し合う場合、あるいは共振と反発を行き交う場合、この「↓」の性質を読み解くことが、読む上での醍醐味、スリルになる。まとめる側は、この「↓」の成分をうまいこと抽出するのが鉄則。ここをうまく抽出するために、文字起こしから真っ先に排除するのは「うんうん、なるほど」だったりする。あくまでも個人的な経験値でしかないけれど、雑草を抜くようにその承認をひとまず引っこ抜いていかないと、「↓」が見えてこない。話者同士ですら気付いていなかった、対話全体を通して流れていた論理や思考＝「↓」が見えてこなくなるのである。

まったく抽象的な解説に、あなたのわかりにくさにつきあっていられません状態かもしれないが、ふわふわのタオルなど用意せずにゴワゴワのタオルでまだまだ続ける。

雑多な対話に流れていた「↓」を捕まえた時ほど、話者同士で生み出したコミュニケーションの醍醐味を感じることはない。肌触りばかりを気にしていると、絶対に見落としてしまう部分なのだ。そこに迫ろうとする取り組みと、ただただ難儀な議論に心酔する取り組みとを区分けしなければいけないのだが、その両方を指差して「読み手は書き手より下だと信じている人たち」と一括《くく》りにされてしまうのだからズルい。「なるほど。わかりやすいです。」は、本当はつながっているかもしれない水脈を断ち切ったり、論争の末に行き着くかもしれなかった泉をそそくさと乾かしたりしてしまう。わかりやすさのために急がれる承認って、貧相だと思う。貧相だし、すぐには理解できないことをじっくりと理解しようと試みる態度を薄める以上、互いに対する加害にもなり得る。長い文に対して「長すぎるよ」と文句を言い、私感がこもった論評に対して「お花畑だな」と言い、認め合うに至らない攻勢の強い対話ならではの言葉遣いに加担している可能性を捨てきれない。

人と人との認め合いから肌触りの良さを提供する対話が流行《はや》ることで、油でギトギトになった皿の真ん中に注がれる洗剤のように劇的な変化が見込めるプロセスすら、「あなたのわかりにくさに、つきあっていられません」と拒絶されていく。「なるほど。わかりやすいです。」という承認の嵐によって、物事の躍動感が全体的に狭まっているのではないか。これだけ抽象的な、迂回《うかい》しまくりの議論をぶつけても、やっぱり「なるほど。わかりやすいですね。」と受け止めて、あるいは「うーん。ちょっとわかりにくいですね。」とかわされて、次の承認に移ろうとするのだろうか。

11

会うといい人だよ

未知と既知のジレンマ

GLAYに「ここではない、どこかへ」という曲があった。調べてみると一九九九年の曲。高校時代に周囲でやたらと聴かれていたこの曲は、神戸連続児童殺傷事件の犯人・少年Aに引き続き、西鉄バスジャック事件の犯人と全くの同年齢として「キレる若者」というフレーズを更新されてしまった側にはスムーズに体に入り込んできた。ここではない、どこかへ。なんてことない曖昧な提言だけれども、「この世代には気を付けないと」という直接的な連呼をまたしても放射されたものだから、その曖昧さが少しばかりの助け舟になったのだろう。

二〇一二年のベストセラー、渡辺和子『置かれた場所で咲きなさい』(幻冬舎)。学校法人ノートルダム清心学園の理事長が書いたエッセイ集だ。手短に要約を済ませれば、人生を歩んでいれば「こんなはずじゃなかった」と思うことは次から次へと起こる。でも、その度に、〝ここではない、どこか〟へ逃げ出すのではなくて、与えられたポジションで咲いてみなさい、という進言が詰まっている。書を捨てて町に出ろ、と鼓舞された時代もあった。逃避と野心はいつの時代も一緒くたになって、成長願望として稼働《かどう》し、積極的に促されてきた。一方で、現状追認は、気後れするものとしてどんより鎮座してきた。ここではないどこかへ逃避したいという願望を慰めながら、致し方なく現状を黙認していく。逃避と追認、この二つは仲違《なかたが》いしながらも一つのフォーマットの中に住んできた。「それでも俺は……」と「そろそろ俺も落ち着こうと思って」は相反するけれど、同じフォーマットの中で議論される。居酒屋内の同じテーブルでの討議である。

〝ここではない、どこか〟から得た経験や知識を「……では」と乱用していくことを「出羽守《でわのかみ》」と言う。物知り顔で「アメリカでは……」「ネット社会では……」とひけらかすこの手法は、GLAYと渡辺和子、その双方で行使できてしまう便利な手法である。つまり、ここではないどこかへ出ていく動機にもなるし、置かれた場所に佇《たたず》む理由にもなる。かなり汎用《はんよう》性が高い。

誰かが「ここではない、どこかへ」行った。しかしながら、際立《きわだ》った経験や成果が得られなかった。舞い戻った土地でその経験は、黒歴史として封じ込められるわけではなく「……では」にひとまず使われる。本来は自我と直流で結び付けるために飛び立ったはずの「どこか」での経験は、うまくいかなければ丸ごと保存ではなく分割して冷凍保存され、自分のストックとして保有され続ける。

自発的に置かれた場所で咲くにしても、強制的に置かれた場所で咲かされるにしても、「……では」は、あの時にあの視野を得たからこその今なんですよ、と自らを担保するために重宝される。出版界で乱発される日本礼賛本のヒット作のひとつに、川口マーン惠美『住んでみたドイツ 8勝2敗で日本の勝ち』(講談社+α新書)があるが、この手のタイトル付けなどまさに、置かれた場所で咲くための「……では」の一例と言えるだろう。「海外では」を持ち込んで、勝ち越している日本で咲いてくださいと言うのだ。わざわざ外へ出て負けるのが面倒な読者は、何戦も挑んだ人の勝ち越しを味わうだけで済ませておく。

知的な探究心を小馬鹿《こばか》にし、自分が信奉する考え以外を意識的に諦《あきら》める「反知性主義」と呼ばれる動きが広がっている。身動きせずに現状を肯定し続けるのに必要なガソリンは、知識や情報ではなくポエム。ファンキー・モンキー・ベイビーズに「それでも信じてる」と連呼する青臭さの果てを笑顔で突っ切る熱唱ソングがあるが、微動だにしない日常、パッとしない日々を、外的要因から探し当てようとはせずに、とにかく「それでも信じてみる」ことで興《おこ》そうとする。そこから得られる結論は決まっている。今、僕らが暮らしている日々こそが僕らを肯定してくれるのであって、かけがえのないものはすでに目の前にあるもの、そう気付いたのさ、というオチ。

昨今叫ばれるブラック企業をはじめとした労働の搾取《さくしゅ》はこういったスタンスを好物としているが、当人はそんな安っぽいシステムに気付くはずもなく、反知性主義を飛び越えた無知性至上主義の中であくせく暮らしてしまい、置かれた場所で素直に枯れまくってしまう。

ポエミーで青臭いガソリンを溜《た》め込むこれらの人々は、8勝2敗で日本がドイツに勝ったからといって、その勝利の詳細には興味を示さない。勝利っぷりに鼓舞されているわけではない。いざ、彼らが外的要因を起動させて詮索《せんさく》しようとする機会に、歩み寄ってくるのがこのあたりの情報であるにすぎない。韓国がいかに下劣な国か、中国がいかにいい加減な国かなどと煽《あお》り続けるようになったのは、置かれた場所でなんとか咲くために摂取する、限りある選択肢のひとつだから。内閣府の二〇一四年の調査で、中国に対し「親しみを感じない」「どちらかというと親しみを感じない」と答えた人が八三％で過去最高となったのは、置かれた場所を肯定させるために差し出された情報が、親しみを感じさせない外からの素材ばかりになっているのだから、致し方ない。

滑稽《こっけい》なことに、新聞は「最も信頼できるメディアは何ですか」とアンケートを取り、その一位は新聞でしたと新聞に載せてしまう。この何層かに重なった閉鎖性に気付かず、我が媒体をまだまだ愛《め》でまくっていく。一方でネットには「マスゴミ」という言葉が溢《あふ》れ、もはや既存のメディアの役割は終わったのだと長年繰り返してくる。

本棚に目をやれば、二〇〇九年に出た『２０１１年新聞・テレビ消滅』という本が刺さっているけれど、この頃から既存と新鋭の役回りは変わっていない。ネットはいつまで既存を既存としておくのだろうか。まさか、新鋭っぷりが衰える、ないしは一通り馴染《なじ》んでこれ以上の成長が期待できないという疑いが生じても、既存を既存のままおいておけば、新鋭のままいられるという算段を持ってしまっているのだろうか。そうだとしたら、とっても姑息《こそく》である。

「週刊誌なんて終わり」とネットが言い、「ネットには乱暴な意見が多い」と新聞が言い、「官公庁にベッタリの新聞は果たして報道機関と言えるのか」と週刊誌が言う。隣の席を蹴散《けち》らすことで自らを愛でる方法だけが確保されていくが、本当は、それぞれが接続されている。今や週刊誌ごとにネット媒体を持ち、雑誌の記事を配信してPVを稼いでいるし、ネットニュースの多くは新聞記者が書いた新聞記事の転載であるし、新聞が掘れない深部や裏事情を週刊誌が追うという補完関係はまだまだ崩れていない。検索ワードランキングの上位にランクインしてくるのは、ネット住人が「もうテレビなんてオワコンだよ」と退け続けているはずのテレビネタばかりだ。

置かれた場所での向き合い方として、自分が置かれたくない場所の粗《あら》を真っ先に探す振る舞いばかりが目立つ。置かれた場所を自信満々に動こうとしない公職の皆様などその典型で、例えば、特定秘密保護法案を推進してきた政治家の面々は、「欧米諸国と比べれば我が国は秘密保護体制で遅れをとっていた」と繰り返す。集団的自衛権を行使したい政権は「皆さんの気付かぬところで敵国の脅威は増している」と繰り返す。「実は〇〇では」と他国を持ち出すやり方は、政治の世界でずっと活用されてきた。北欧では消費税二五％なのですから、というように。

反知性主義に率先して浸《つ》かっていく面々は、隣国の脅威という自国の喧伝《けんでん》に踊らされやすい。置かれた場所に閉じこもれば閉じこもるほど、そこに提供される情報はざっくりと食べやすく加工されたものばかりになる。そして、どんどん受け身になる。従軍慰安婦問題に端を発する歴史修正主義然《しか》り、戦後レジームへの諦念《ていねん》然り、今置かれた場所を堅持するために、歴史まで改めてしまい、場合によっては、出るべき時は外へ出ていくことも止《や》むなしと煽る。「取り戻す」や「強い日本を」などの勝ち気なフレーズって、動かない人ならではのフレーズだ。安直な考えが、暴力性を含みながら、ひたすら置かれた場所から投てきを繰り返してくる。

今まで「……では」は、未知へと開き、無知を知らしめる機能を持ってきたが、昨今では、既知を補足する役割に留まっている、ということなのか。

若手論客が友達感覚でラフにジレンマを語り合う番組を見ていると、その一点を考え込みたくなる。今という時代はすぐにネットによって意見が二極化されてしまう、小《こ》競《ぜ》り合いを誘発してしまう、これが今のネットが抱える問題点かもしれないよねぇーと、これまで二〇回は聞いてきたような熱弁を今日初めてそのことを話し合うかのようにシェアしていらっしゃる。ジレンマを抱えた（という体の）彼らは、しょうがないよ、置かれた場所で平穏さをキープしていこうよ、というスタンスを染み渡らせながら、確認作業のような討論を進めていく。野心だって？ そんなものを露骨に見せるのは恥ずかしいよ。平穏さを希求するボクらにとって、わざわざ敵対心を煽ってくるアツいネットの特性ってもどかしくもあるんだよね、もちろん人と人をつなげる有り難みはあるんだけどさ、というような生温《なまぬる》い発言が続く。成熟するにはまだ時間がかかるんだよ、今は過渡期にあるんだよ、と別の論客が冷静に補足する。既存と新規、右派と左派、ナショナルとインターナショナル、どちらかに肩入れして敵を作るのってダサいよねという意見を撒《ま》きながら、互いが互いを、本当に味方なのか、もしかしたら敵になり得るのではないかと探り合うジレンマが表出する。

彼らは、あっちとこっちがブツかる騎馬戦に参加するのは、これからの自分のブランディングを考えた上では決して効率的ではないと考えるらしい。「さとり世代」というネーミングは彼らに近接する言葉で、堅実で高望みしない若者世代を指す。勝負したってしょうがない、と争いごとを避ける。この手の流行りのネーミングは往々にして、あちこち破れた古びた地引き網で漁を試みて、それでも引っかかってしまった獲物《えもの》を無理やり傾向立ててみる強引な釣果《ちょうか》をもたらすのだが、この流行り言葉に関しては、該当者自身から積極的に発言する類《たぐ》いのものであるから、例外的と言える。

車なんか買わないよ、海外旅行なんて行かないよ、情報なんていくらでも入ってくるしと、世間の出来事や物や資本を醒《さ》めた目で見つめる。この鳥瞰《ちょうかん》を保つために、「……では」という出羽守が機能する。つまり、知識はあるのだ。知識を駆使しながらさとる。「……では」こうだと知っているよ、という認識によって、自分の置かれた場所が守られていく。もはや社会のOSが変わったというのに相変わらず……と政治を嘆き始める若き論客が、異論を議論のテーブルに載せずに知識で鳥瞰して避けている姿を確認する度に、「……では」という出羽守と「さとり」の親和性を感じてしまう。

それって、本当に鳥瞰できているんだろうか、という疑いは強い。核心を突くならば、彼らは「さとる」という行為が鳥瞰だけではなくて、その場を仲裁することにもつながると信じ込んでいる節がある。眺めていてむず痒《がゆ》いのはそのところだ。仲裁しますよ、という冷静な態度には、ついつい火種を投じたくなる。この人たちはひたすら「僕たちは二項対立の場には興味がありません」「議論を交わしたところで結果が出ないじゃないですか」と散々さとりまくることで、勢力と勢力の間に、まあまあと仲裁に入る役どころを買って出ていく。その番組でも何度か「……ってなことを言ってたら炎上してしまって」と苦笑いで頷《うなず》き合っていたけれど、この頷き合いは、普段は辺りを鳥瞰してるんだけど、たまに仲裁に入った途端にこれだよ、勘弁してくれよ、というしたり顔に見えた。真剣に議論している場を覗《のぞ》いてみたら、生半可な気持ちで来ないでほしいと牽制《けんせい》されちゃった、てへへ、とほほ。その経験を、「炎上」と誤表現している場面が目立つ。その言葉がひとまずの結論になるのが解《げ》せない。情報がいくらでも山積し、情報をオリジナルブレンドで選び抜いて拡散していける社会において、「出羽守」の扱いは変調してきている。これまでは自分が置かれていない場所の情報を引っ張り出して援用してきたものが、今や暖を取るための薪《まき》のように、置かれている場所で温々《ぬくぬく》するために情報が使われている。これって、とっても貧相な事態ではないか。

今の時代、置かれた場所と見知らぬ事柄の距離感を具体的に考察するために必要となってくるフレーズとは何か。「怪しいと思っていた」と「会うといい人だよ」ではないか。

「怪しいと思っていた」は、どこそこで殺人が生じ、犯人が逮捕された後にその土地に住む人にマイクを向けた途端に必ず放たれる言葉。あるいは、佐村河内守《さむらごうちまもる》や小保方晴子のようにマスメディアをにぎわしたホットな存在が何がしかの理由で叩かれている最中に、たちまち増殖する言葉。身の安全が約束されてから「実は薄々感付いていた」と事後報告を吐き出す。これはズルい。仲裁に入りたい人たちが時折使いたがる言い回しのひとつでもある。

自分の役割は「鳥瞰」兼「仲裁」だと腹の中で企《たくら》んでいるものだから、マスメディアを騒がせている案件については、盛んな議論が飛び交っている初期の段階ではじゃんけんに臨まない。意見を提出しない。ひとまず引き下がり、状況を逐一確認し、堂々と「違う」と言い張れるタイミングを待ってから、「違うと思っていた！」と言う。白黒が決まらないと非難を向けられないのだ。非難が出揃《でそろ》ってからではないと同調する場所を探し出せない。なんと情けないことか。耳が聞こえない作曲家の耳が実は聞こえている、「うんうん、怪しいと思っていた」。STAP細胞なんてない、「うんうん、怪しいと思っていた」。犯人は近所では誰にも挨拶《あいさつ》をしない、何を考えているか分からない人、「うんうん、怪しいと思っていた」。

来たるべき社会のランドスケープを描いたり、情報のインターフェースがガラリと変わってきたと喋《しゃべ》ったりするのは得意だが、例えば、そこらじゅうの立て看板に「怪しいと思ったら110番」と書かれていることに対する違和感は表明しない。近隣で殺人事件が起こると犯罪心理学者は、地域でもっと声を掛け合うような、そんな開かれた社会を作らないといけないと言い、受け手はウンウンと同意する。でも一歩街へ出れば、そこでは、怪しいと思ったら110番するようにという警鐘が盛んに鳴らされたままである。ランドスケープを描く割に、今そこにある事件や構造にはコミットしていかない。コイツが悪いと確定した者を後出しじゃんけんで「怪しいと思っていた」とするのは、「これからのリアリティ」を議論するには持ってこいの餌《えさ》になるだろう。でも、「これからのリアリティ」を考える際に、「リアルの現在」を手放してしまう。置かれた場所を動かずに未来だけを見る、小賢《こざか》しい手法に思える。「だから言ったでしょ」の場合でしか、彼らの展望は歩き出さない。罪が罪と確定しないと目には入らない。それは何よりも現在の殺伐を呼び込む、あるいは放任する行為だ。殺伐が生まれると、また彼らは議論から身を引き、次の発言の機会を待つ。

「会うといい人だよ」というのも、この情報化社会を極めて粗雑に処理するキーワードだ。誰しもデフォルトで多重人格であると言える現在、重層化の断面を引っこ抜いて言い争いが生じることも多々ある。ツイッターという装置は、正に断面を持ってしまったがゆえの着火剤になる。発言できる量に制約があるからこそ、断面にすぎないからこそ、燃えさかる。奥まで辿《たど》り着かせよう、全域に行き渡らせようと言葉を放ったつもりでも、重層化の断面を考え込むのが好きな言論界に拾い上げられて、牽制されたり分断されたりする。

こうなると、本人に距離の近い人たちだけが、層の厚みを持って相手を知ることができていると規定されてしまう。近しい人の弁のみが、彼・彼女自身のパーソナリティを語る言葉として信用されていく。やっぱり、「おーおー、○○さんなら知ってるよ」というバブル時代の業界ゴロのごとし。仲睦《むつ》まじい人からの評判のみに助けられている気配。「会うといい人だよ」という言葉の機能性には、その気配が集約されていると思う。

知らない人に何を言われようともそれを受け入れようとしない。これほど貧相なこともない。徒党を組んだ発信者が「合う・合わない」ではなく「会う・会わない」という価値尺度で決めてしまう。これを繰り返していると、それなりに建設的だったかもしれない議論の多様性は、「会う」仲間内だけで推し量られ、多量の「合わない」議論がどんどん放置されていく。実際に会ってしまえば瓦《が》解《かい》する懸《け》念《ねん》の中には、会わないことで壮大な議論を呼び込む欠片《かけら》がたくさん用意されていたかもしれない、というのに。

「イノベーション」や「未来」という言葉が乱打戦のように放り込まれる対話やテキストに没頭できないのは、真っ白なキャンバスに向き合うのを怖がらないために、あらかじめ身近な人たちの論旨で塗りたくって、自分が動きやすいように地ならししているように見えるから。会えば全然普通だよ、だから違和感を表明したってしょうがない、と真顔で言う。論壇、というものが今現在どれだけの効力を持っているのか知らないけれど、共有で守られているコミュニティの安全な試合運びにうなだれてしまう。しかもそれが未知を照射する唯一《ゆいいつ》の方法となっている物悲しさ。

小説という創作が平然と自由を守ったまま機能し続けるのは、置かれた場所で今何が起きているのかを見つめるだけでは小説はちっとも動き出さないし、「……では」という「出羽守」だけでは未来を指し示すことができないと気付いているからではないか。小説は悠然と、物事は処方箋《しょほうせん》が示されているものばかりではないと教えてくれる。

保坂和志『小説の誕生』（中公文庫）は書く。

「未来というまだ見ぬ時間や、未開と呼ばれていたり異郷と呼ばれていた未知の場所から希望や活力が供給されるのではない、停滞した世界の中で、絶望したり投げやりになったりしないためにはどうしたらいいのか、ということを考える基盤を作るのが小説」だと。

停滞を打破するためのメソッド、未来を見定めるフレーム、ランドスケープ、イノベーション。新しめの言葉に易々《やすやす》と想定内の言語を振りかけてどこかへ運び続けていくのは果たして議論なのだろうか。言葉の供給源を無視して、もうそういうの古くないっすかと蔑《さげす》んで、「会うといい人」たちが運び主を買って出る。仲間になる。もしも不手際がバレれば「怪しいと思っていた」と告げれば良い。

疑わしくなる。つまり、この手の人たちは、言葉の役割を高く見積もっているくせに最後まで信頼していないのではないか。だから、同調の言語だけが生き延びる。考える基盤として、言葉が正しく躍動していないという疑い。「イノベーション」で空間だけが拡張してその空間が同色に染まるのを避けるためには言葉が必須だが、用意される言葉が、そもそも同色を望んでいるというジレンマがそびえ立っている。

12

カントによれば

引用の印鑑的信頼

小保方、という聞き慣れない名字。当方、大学時代に古典文学を少々かじっていたものだから、ふと、『枕草子』の一節、「おぼかたならぬ人、二三人ばかり召し出《い》でて、碁石して数置かせ給ふとて」を思い出してしまう。「おぼかたない」という言葉はとりわけ教養のある女性に向けて使われた言葉で、『枕草子』ではその様子を「いかにめでたう、をかしかりけむ」（どんなにか優雅であって、微笑《ほほえ》ましく朗らかであったことでしょうか）と続けている。中宮定子に仕えた栄千代はこの「おぼかたない」という言葉を好んでよく使った。地位の高い女性を敬う意味合いもあったという。小保方、という珍しい名字だが、奇《く》しくも古き書物が物語っていたのだろうか。

薄々勘付いてくださっただろうが、前の段落は全《すべ》てがウソ。「おぼかたない」なんて言葉は存在しないし、栄千代なんて人は実在しない。そもそも当方は、大学時代に古典文学をかじってすらいない。引用部分は『枕草子』の一部分を適当に拾い上げて捏造《ねつぞう》したものだ。万が一、この引用による解説文をひとまず「ふーんなるほど、そうなんだ」と読み進めてしまった人がいても、それは特段恥ずべきことではない。例えば「STAP細胞」という細胞について、私たちは曖昧《あいまい》な知識のままアレを断じてきた。詳細を知らぬまま、（前項で論じたように）「うんうん、怪しいと思っていた」と叩いてきた。この手の、「なんとなく知ってはいるけれど、実は語るほどまでは知らなかったもの」について、あれだけ事態が大きくなろうとも、そのまま通過してしまうことが多い。『枕草子』の「おぼかたならぬ」人のように。人はなかなか専門的な知識にアクセスしていかない。専門的なことはどこまでも専門的な人に任せていく。

文楽を観《み》た橋下徹《はしもととおる》・大阪府知事（当時）は「つまらない。二度と観に行かない」と漏らし、補助金カットを提言した。あまりの乱雑な対応に非難が向かい、出直した二回目の観劇では「ラストシーンでぐっとくるものがない」「人形劇なのに顔が見えるのは腑《ふ》に落ちない」と修学旅行で観に来た高校生以下の感想で、直情的な反応をお漏らしになられた。一般、民意、庶民、大衆、これらを納得させられないのは努力が足りないからだとして文化を堂々と萎《しぼ》ませようとした首長。彼の強引さが、一定期間とはいえ評判を得てしまったのは、「おぼかたならぬ」よろしく、「なんとなく知ってはいるけれど、実は語るほどまでは知らなかったもの」の意味を規定して無駄遣いだと断言する潔《いさぎよ》さを痛快だと受け入れる体質が備わっていたからなのだろう。

淀《よど》んだ原発行政が長らく蔓延《はびこ》ってしまったのは、外からのアクセスが鈍かったという点と、そのアクセスを拒むように、知恵と情報を内部で独占していた点の掛け合わせにあった。建屋が吹き飛んで粉塵《ふんじん》が舞い上がる姿を眺めながら「何らかの爆発的事象」とひとまず言えてしまう心根を育《はぐく》ませた責任の一端は、こちらのやり過ごしにもあったわけだ。彼らが、問い質《ただ》す側に対してわざわざ難しい言葉を投じてきたのは、情報を漏らさないためではなく、情報の解析を諦めさせて、情報の力関係をそのまま維持するための仕業なのだった。

「あります！」と言われたSTAP細胞はなかったが、なぜ翻弄《ほんろう》されたかと言えば、瞳《ひとみ》がウルウルしていたからではなくて、ひとまず「これがSTAP細胞です」と宣言された私たちが、それを「そうか、これがSTAP細胞か」とすっかり信じ込んでしまう習性を持っていたから。知っているものの安直なコピーや変形には厳しいが、知らないものの提出には基本的に寛容なのだ。かつての理科の実験で行なったプレパラートに挟んだタマネギの薄皮を顕微鏡で見せられて「これがSTAP細胞です」と宣言されても、納得していただろう。

例えばＥＸＩＬＥの世界観は、たいして知らなくても茶化すことができる。「知っている体」がたちまち許されるからこそ、その主義主張の安直さや毎度の新たなる取り組みに嘲笑《ちょうしょう》が向けられるわけだが、ある事柄に対してドゥルーズが端的に言い遺《のこ》していた場合には、その話に疑いや笑いを投げようとしない。

「こんな世界を愛するため」とＥＸＩＬＥが歌えば、こんな世界ってどんな世界だよと嘲笑《あざわら》う人たちが生じる（自分も含む）。だがもしも、「毎週火曜と金曜は、三丁目のスーパーよりも四丁目のスーパーのほうが卵が安い」とドゥルーズが言い遺していた場合において、私たちは三丁目のスーパーよりも四丁目のスーパーの評価を上げてしまう（自分も含む）。あちこちの論考内に顔を出すドゥルーズやカントは、スーパーの例に置き換えるならば、このようなお墨付き機能として使われすぎている。

言葉を扱う仕事であれば、ひとまず言葉に特別なヒエラルキーを設けずに、必要な言葉を実直に選び抜いてから差異化を図るべきだが、役所に書類を出して受理してもらうように、部長に稟議書《りんぎしょ》の決裁のサインをもらうように、格式を求めて言葉を引用してはいけない。だって、カントが言ってんだもん、という真顔に、これで安心、という他人任せの安堵が含まれてはいまいか。言葉はいつだって、人を平等に仕切り直す武器になると信じているが、格式を付与された言葉が定位置から微動だにしないことで生じてしまう格差について、もっともっと検討が重ねられるべきだとつくづく思う。つまり、物事を考える上でEXILEはドゥルーズやカントに勝らないことが確定しているのである。

はて、確定してしまっていいのだろうか。

二〇一四年七月、岡山県倉敷市で女児を監禁した男が五日後に逮捕、女児が無事に保護される事件があった。いくつかの新聞報道を継《つ》ぎ接《は》ぎすると、下校途中の女児に刃物を突きつけて小型車に連行、自宅に連れ帰り、「逃げても捕まえる」と繰り返し脅迫したという。男の部屋は防音加工されており、女児がいくら騒ぎ立ててもその声が周辺住民に届くことはなかった。連れ去った動機を「好みの女性に育てたかった」と供述した男は、いかなる人物だったのか。

「高校卒業後、法政大学に進学。その後、ドイツの哲学者カントに心酔し、研究者を志した。『カントを愛している』と話す藤原容疑者を、同窓生は覚えている」（『朝日新聞』二〇一四年七月二六日）

その報を伝える見出しは「カント偏愛、研究志すも職転々」。

すっかり、人の趣味趣向や置かれている立場に犯罪の発生要因を求めたがる風潮にあるが、この報道は「カント」好きを知らせておきながら、カントを発生要因としなかった。彼が心酔しているのがロリータ系の地下アイドルだったり、フィギュア収集だったり、オカルトビデオだったりした場合、それらは犯罪の要因としてたちまち接続されることになる。「地下アイドル愛した元院生、ロリータ写真に囲まれた部屋で暮らす」ならば、私たちは事件の発生要因を確定させる。大阪府の中学校で宿直員として働いていたこともある男について、男性教諭が「岩波書店の難しそうな本を黙々と読んでいた。無口だが愛想がよく、先生や生徒とあいさつを交わしていた」と語ったという。パッと見で分かる「岩波書店」はおそらく岩波文庫で、カントとなれば『純粋理性批判』あたりだろうか。中学校の教諭ともあろうものが「岩波書店の難しそうな本」とは情けないが、岩波文庫はいつものように犯罪の要因にはつながっていかなかった。ロリータ写真と岩波文庫の差がここにある。

足利事件で冤罪《えんざい》被害者となった菅家利和《すがやとしかず》は、捜査段階から「小児性愛者」だと決めつけられることで、たちまち犯人として塗り固められていった。菅家の無罪を晴らすきっかけとなった小林篤《こばやしあつし》『足利事件　冤罪を証明した一冊のこの本』（講談社文庫）に、鑑定書の主文が載っている。堅苦しい文面だが、よくよく読むと堂々たる飛躍が見つかる。

「被告人は、その恵まれない知能と性格のために、またかつての結婚生活で性交に失敗した体験のために、性対象としての成人女性に接近することが困難な精神状態にあり、その結果、その代償として小児に性的関心を抱き、これに性的に接近するようになっていた。すなわち、被告人は『代償性小児性愛』というべき性的倒錯の状態にあった。本件犯行は、上記のような小児性愛を動機として行われたものである」

極めて強引な論旨だ。性交がうまくいかなかったから、「その結果、その代償として」ロリコンになってしまい、異常性愛ゆえに小児を殺害してしまったのだという。この強引な論旨を信じ込んでしまったのは、「ロリコン」が犯行理由として決定的に機能していたから。

カントを信奉していた男は「大阪大学大学院の研究室で学問に打ち込んだが、就職先は見つからず、家庭教師などの職を転々と」していたという。成人とセックスできないからロリコンになったと断定された菅家、就職できずにカントを信奉し続けた男、前者は強引な論旨で導かれて冤罪被害者となり、後者はその実態があったにもかかわらず、犯行動機にすらならない。心酔したものがカントであるかぎり、それは小児監禁とは結び付かない。

なぜだろう。カントは地位が高いから、立派だとされているから。とても安っぽい読みだけれど、理由はそれしかない。ロリコンは理由になり、カントは理由にならない。

「契約社員」であることが幾度となく強調されたのは、二〇一三年一二月に発生した冷凍食品への農薬混入事件だ。マルハニチロホールディングス（当時）のグループ会社アクリフーズの群馬工場製造の冷凍食品から農薬「マラチオン」が検出された事件で、工場に勤務していた四九歳の男が逮捕された。

逮捕報道があった時点では、男は県警の調べに「覚えていない」と否認していたが、この段階でワイドショーのコメンテーターは、「（こうして契約社員が犯罪を起こすのには）日本社会のシステムの問題点が濃縮している」とまで言い切っていた。当人からの声を聞く前に「同工場の契約社員には、不満が根強かったとの指摘もある。（中略）元従業員の女性は『正社員と契約社員の間には溝があり、職場に上下の隔たりがあった。正社員への不満を持っている人は多く、ストレスで辞める人も多い』と話す」（時事通信）と報じたのは、いささか乱暴がすぎた。しかし、この手の乱暴はあちこちで繰り返された。乱暴に対して乱暴に反論すると、正社員と契約社員の間にはどこの職場でも溝があるし、いつだって上下の隔たりがある。契約社員という雇用形態が犯罪を誘発したという見立ては、おそらく正しいのだろうが、この時点では必ずしも正しいものではない。この「おそらく」を、契約社員という立場の性質を利用して世間の同意を得ながら「必ず」に高めてしまう。「カント好きだから罪を犯した」という一文には無理があるが、「契約社員だから罪を犯した」には納得する。この四九歳の男はアニメキャラクターのコスプレ好きで、コスチュームを着込んで趣味のバイクを乗り回す姿が繰り返し放映されていたが、一体、農薬混入と何の因果関係があると言うのだろう。アニメ好きはこうして無理やり犯罪に関連づけられるのである。

日本消費生活アドバイザー・コンサルタント協会の宮本一子常任顧問（当時）は「一般論だが、格差社会の中で豊かな生活に入っていけない人には、不満が募り、不特定多数を狙《ねら》ったこうした一種の『テロ』が起こりやすい」とコメントした（『朝日新聞』二〇一四年一月二六日）。契約社員とテロをスムーズに結び付ける推論は飛躍にも程がある。こういった推論が群がり、一般論として太っていく。世間に通りやすい一般論が太る一方で、一般的ではない〝難しそうな岩波書店〟は太らない。人をポジションでジャッジし、自分のポジションを確保するために、あちこちへ自分のポジションを撒布《さんぷ》して、外からの侵入を防ぐ。その犯罪は「自分とは関係のない人」がやったという結論へ導くベルトコンベアが用意される。

秋葉原無差別殺傷事件の犯人、加藤智大《かとうともひろ》が記した書籍『解』（批評社）は、「書き残しておくことで、似たような事件を未然に防ぐことになる」とする傲慢《ごうまん》さが気になるものの、発生当初の報道を後々目にした時の違和感についての記述には、考えさせられる点が多い。

「逮捕された派遣社員加藤智大容疑者（25）が警視庁の調べに、『仕事がうまくいかず、むしゃくしゃしていた』『仕事に不満があった』などと供述していることがわかった。仕事上の問題が事件につながった可能性もあるとみて、警視庁は調べている」（「asahi.com」二〇〇八年六月一〇日）と、報じられていたことに対して加藤は、「私から仕事への不満を話したということはありません。また、そもそも私には仕事への不満など無かったのですが、そのように（「仕事で嫌なことは無かったか」と・引用者注）訊《き》かれたために、何かあっただろうかと考えて、そういえばこんなトラブルがありました、と答えただけのことです」と書き、これらの記事を「仕事上の問題を動機とみた捜査機関が、それに合う犯人像を創《つく》るために、ある事ない事を広報したものでしょう」としている。

混入事件のような勤務先での犯行動機と、街中での無差別殺人の動機を並列で比較することは適当ではないけれど、本人が理由を語る前に報じる側が理由を断定している、という奇天烈《きてれつ》さはこうして平然と連鎖してきた。加藤の事件ならば派遣社員、農薬混入事件ならば契約社員、雇用形態に向かう断定が、その雇用形態で働く人たちの苦境を深めていく。報道側が横並びで「契約社員が」を連発し、報道を補足するように会社側が「グループ内に悪質な犯罪行為におよぶ人物の存在を許したことは、痛恨の極み」（久代社長・当時）と続けてしまうと、上から下への締め付けが強まっていく。アニメ好きならば「見つけた！」とばかりに、「犯人はアニメおたく」と報じる。しかし、「カントおたく」は報じない。上から下に見下せる対象ではないから、「カント好き」は取り扱うことができなかった。だから、カント好き犯罪者のカントからの影響は放っておかれる。「とにかくカントがこう言っているんです」と書いておけば安全とされる論考とは真逆を行っている。

神戸連続児童殺傷事件の犯人が（私と同じ）当時一四歳の少年Aだと発覚する前、スラッシュメタルバンド、メガデスの歌詞が犯行声明文に酷似していると槍玉《やりだま》に挙げられていた事実を覚えている人は少ないだろう。酒鬼薔薇聖斗《さかきばらせいと》の声明文にあった一節が、彼らのアルバム『ユースアネイジア』の収録曲の歌詞に酷似しているとされたのだ。このアルバムが、逆さまにした赤ちゃんを洗濯干ししているというグロテスクなジャケットだったものだから、事件を呼び込んだ存在として極めて雑なバッシングを受けることになった。無論、事実無根。逮捕された少年がメタル好きだったという報道はその後一切ない。これもヘヴィメタルというジャンルが基本的には「信頼に値しないもの」だからこそのバッシングだった。サイモン&ガーファンクルやカーペンターズならこうはならない。印鑑的信頼として使えなければ、疑わしいものとして把握してみるというわけ。

どのカテゴリに帰属するのかを査定しまくる悪癖に、もう少し考えを及ばせるべきではないか。「彼がアレを好きだから、こういう結果になった」と決めつけたがる習性に、「みんなそう思っている」が補塡《ほてん》されて、攻撃的に起動する。カントやドゥルーズでは起動しない。むしろ、攻撃ではなく守備に使われる。印鑑的にそれらを信頼し、実印のように行使する。あのう、それ、借り物でしょう。借り物を自説に染み渡らせて実印代わりにする論考には辟易《へきえき》する。というか、ズルい。カントがそう書いているからといって、あなたの原稿の価値が約束されたわけではない。カントやドゥルーズが考察に値することを言っているからオレは引用してみたのだし、と開き直るオレは、同様に考察に値する意義を持つかもしれない外の言葉に目を向けようとしない。

自分の宗派の聖典を押し付けてくる。称号に依拠した高め合いを仲間内だけで繰り返すのならば、こちらはそれに対してレッテル貼《は》りを施したくなる。

信頼に値しないものに信頼を投下できるかを考えるのは考察の醍醐味《だいごみ》のひとつであると思うのだけれど、ボクの考察は信頼に値するものに到達できただろうか、心配だからカントを少々、を繰り返す発表会は、その醍醐味をすっかり失っている。印鑑的信頼って、そうはいっても正社員は安泰、みたいなフレーズだ。それをこちらは後ろ向きに感知するのだけれど、多くは、オレはそこに辿り着いたんだと歓喜するらしい。それがどうしても解せない。端的に言えば、「信頼しています」という長ったらしい報告なんて、論考ではないと思う。

13

うちの会社としては

なぜ一度社に持ち帰るのか

「会社は誰のものか」という、ひとまず建設的と思《おぼ》しき議論の前座として「おまえのものはおれのもの、おれのものもおれのもの」というジャイアンの宣言を考えてみると、ジャイアンは組織への帰属云々《うんぬん》を飛び越えて国家のごとく、つまりアメリカ化する。そして、そのジャイアンの宣言に「うん。」と答えるだけの、スネ夫という名の属国の存在を浮上させる。ジャイアンという絶対的な権限が持つ腕力は、どのようにして組織あるいは個人を萎縮《いしゅく》させるのか。

いつもの空き地で、買ってもらったばかりのラジコンに興じるのび太が、数分後に泣きながら「ドラえも～ん」と駆け込まざるを得ないのは、ジャイアンのアメリカ性が毎度強いからだが、『ドラえもん』好きは口々に「ジャイアンは映画では優しい」と言う。ジャイアンについての議論は、最終的にそこに落とし込まれがちだ。冒頭の宣言にしても、のび太がなくしたモノをジャイアンが一緒に探してくれた時の言葉だと、ツウはジャイアンをかばう。具体的な横暴をあれだけ知っているのに、最後にはこうして前向きに許容される。でもしょうがないよ、ジャイアンだってほら、最後は正義感を見せるんだから、という許容によって横暴が反復されていく点も実にアメリカ的。所詮、土管のある小さな空き地内での関係性だが、個人と組織と世界の力学を知る上で、このジャイアンっぽさ、改まることを知らずに反復されていく態度は色々と敷衍《ふえん》して考えることができる。

個人と世界の間の組織、つまり会社とは誰のものだろう。認知する人同士が集う場所。『ドラえもん』で言えば空き地。その場所はジャイアンのものではないが、やっぱりのび太よりもジャイアンのものではある。組織と場所、その占有を弱肉強食の力学だけで片付けてしまうと、そこに住まう人たちは、暴走するグローバリズムを許すことになる。のび太が偉いのは、ジャイアンにひとまず逆らうところだ。逆らった後で、漏れなくボコボコにされる。泣きわめく。のび太は毎回、先に遊んでたのは僕じゃないか、これは僕のモノじゃないかと立ち向かう。確かな権利を確保しようとして、たちまち窮地に立たされる。窮地に立たされた瞬間にいたたまれなくなり、滝のような涙を流しながら空き地を駆けて出ていく。所属を失うのび太。でも、のび太はまた空き地にやって来る。

アメリカという国は窮地に立たされると、「God Bless America!」と叫ぶ。冷静に訳すと、傲慢な言葉だと気付く。神を占有している。「おまえのものはおれのもの」とするジャイアンと親和性を持つ独善。占有することへの躊躇《ためら》いなどない。あいつら大量破壊兵器を所持しているからと、組織・集団の論理で獲得した正義感を用い、それを世界じゅうに浸透させながら、他国へ空爆を仕掛け続けていく。ゴッドにブレスされるための具体策として、誤った選択を遂行してきた痛々しき記憶がいくつもちらつく。

綿井《わたい》健陽《たけはる》監督『イラク　チグリスに浮かぶ平和』は、二〇〇三年に我が子三人を空爆で失い、バグダッド市内の病院で打ちひしがれていたアリ・サクバン一家と出会った綿井が、彼らとともに過ごした一〇年間を追うドキュメンタリーだ。綿井がイラクの人々を撮っていると、ある若い女性が綿井のカメラに「言いたいことがあります」と割り込んでくる。自宅を誤爆され両足を失った車いすテニスプレイヤーの女性・ザイナブだ。彼女はカメラを凝視してこう言う。

「（イラク戦争は）アメリカだけの責任ではありません。それを支援した全ての国々にも責任があります。日本にも責任があります。なぜなら日本もイラクに自衛隊を送ったからです」

アメリカをジャイアンとした時、日本はのび太ではなく、すぐに「うん。」と言うスネ夫になる。逃げない（＝テロに屈しない）けれど、直接的な加担はしない。暴力の現場には行かないけれど、その暴力は正統だとは思っているんですよ、と言う。こうした日本のスネ夫性は、人を直接的に傷付けないけれど、圧倒的な恨みを買うようにできている。陰惨な「イスラム国」によってその恨みがいよいよ噴出してしまったが、あのように恨まれて捕えられて脅されて殺されても、あくまでも人道支援のつもりだったので誤解されては困っちゃいますよ、という答弁で逃れていく。災いを誘い出しておきながら、「日本人にはこれから先、指一本触れさせない」と言い始める。

ザイナブのような反応を次々と注ぎ込まないかぎり、バレない仕組みになっているのだ。泣いているのび太を見ても、いやそれは、ジャイアンがやったことで、僕としても本望ではないけれど致し方ないことでもあるような気もしますけれど遺憾だとは思っていて……というチグハグな答弁で言い逃れるのである。加えて、そう漏らすのはジャイアンが側にいない場所でのみ。ジャイアンがいれば、ジャイアンに同調する。従属する。日米同盟が、日本の周辺事態について守ってもらうことを何重にも約束していることは、まさにスネ夫性の象徴である。

でも最近、ジャイアンもさすがにしびれを切らしてきた。スネ夫も空き地での喧嘩《けんか》に加われよ、とジャイアンが共闘を促してきた。スネ夫はいよいよ来たかと焦《あせ》りながらも、ひとまず外に向かって、いやいやいや僕はこれまでのスネ夫のままですけれどね、さすがにジャイアンがさ、と言う。でもですよ、危害を加えないスネ夫のまんま、変わりはないんですよとあくせく言い訳を続ける。ジャイアンからの指示はこうだ。最前線には来なくていい、色々言われるかもしれないから。パッと見のキャラは変えなくていいぞ、と。スネ夫はこんな時にあれを使う。ほら、ジャイアンは「いざという時は優しい」んだ。こうしてあの空き地の統治・組織に参画する人間の優劣が強まっていく……。

おっと、「会社は誰のものか」と切り出したはずだった。話の脱線をどのように回収していこう。これで万事解決というドラえもんの道具も見当たらないから、自分でなんとか回収する。個人と組織と世界の力学の話をしていた。『ドラえもん』の世界で人と人との交流が最も密に描かれるのは空き地という場であり、あの漫画の中では、あそこに集うことで組織であることが確認し直される。個人が集い、組織が生まれ、そこから世界が見定められる。

　経済成長しない社会を再設定すべきだ、これからは半径三キロメートル以内の職住が隣接した町の中で、見知った顔の人たちと働き、暮らし、銭湯に浸かる、そんな「銭湯経済」へと移行せよと誘《いざな》う平川克美『「消費」をやめる　銭湯経済のすすめ』（ミシマ社）は、『ドラえもん』の土管のある空き地の規模感こそ経済であり世界ではないかと指南する一冊。同書では、日本人がやたらと「うちの会社」という言い方を好むことに触れる。「うちの会社」というフレーズを冷静に解くと、それは「私の会社」という意味ではない。あくまでも「私が働いている会社」ということ。ここには明らかなる距離がある。外資系企業が日本へ入り始めた一九九〇年頃、突然のように降って湧《わ》いた「会社は誰のものか」という議論に対して先手必勝で突きつけられた「会社は株主のものだ」に口をあんぐりとさせながら、日本人はそこでひとつの感覚を強固にする。

「会社はオレたちみんなのもの」

　株式会社を所有するのは株主であるという、冷静沈着な議論は要らない。株式会社の根源的なシステムを持ち出した途端、「オレたち」なんてたちまち瓦解してしまう。「会社は株主のもの」が本格稼働《かどう》してしまうと、オレたちはそれに見合う利益を稼ぎ出さなければ即座に「うちの会社」にいてはいけない人物になる。空き地の平和を乱すジャイアニズムが常態化し、強権で効率性を問い詰めていく成果主義は、まったくスネ夫の体には似合わない。のび太にも似合わない。ジャイアン、ヒドいじゃないか、と目に涙を溜《た》めているだけではたちまち使い捨てにされる。

「会社は誰のものか」の応用編として先頃話題となったのが「社員の発明は誰のものか」という議論。青色LEDの開発でノーベル物理学賞を受賞した三人のうちの一人、中村修二。彼は、自身の発明を「会社のもの」として処理されていた。彼が勤務していた日亜化学工業が発明の対価として払ったのはわずか二万円だった。中村は、会社に対価を払うよう裁判を起こす。中村の弁護士は「日本の法律では特許は社員のもの」と主張、結果、東京地裁は二〇〇億円の支払いを命じ、最終的に八億四〇〇〇万円で和解した。弁護士は言う。「会社の設備を使って発明し、損失も負担しないのに社員の権利だというのはおかしいという人もいるが、会社だって発明せずに社員の発明の生む超過利益の一部を得る。もうけものじゃないですか」(『朝日新聞』二〇一四年一〇月一六日)。

ノーベル賞を獲《と》った後、中村は日亜化学工業に改めて和解の面会を求めるも日亜は、「貴重な時間を弊社への挨拶などに費やすことなく、今回の賞・章に恥じないよう専心、研究に打ち込まれ、物理学に大きく貢献する成果を生みだされるようお祈りしております」という猛烈に皮肉めいたコメントを出し、面会を断った。

日亜には中村に対して消えない恨みがある。この青色ＬＥＤの開発提唱をしたのが中村だったとはいえ、実際に製品化に至るまで尽力したのは若手を中心とした研究者たちの存在があったからだと訴える。「自分のもの」に対して、とっても重厚に「うちの会社」がぶつかってくる。こういう案件を世間に投げると、そうは言っても誰かのものではなくて組織のものである、という考えに帰着しやすい。頑張った人は他にもいたんだからシェアすべき、それに、そもそも場を与えてあげたのは誰だよ、という口を探して、たちどころに加担していく。こうして万事はシェアされ、シェアから個人が弾《はじ》かれる。日亜の返事を、世間はこりゃあ痛快だとシェアしていたが、それはそれは象徴的な光景だった。

政府は、「発明は社員のもの」から「会社のもの」へと移行させるべく特許法改正案を閣議決定した。理由は明確で、これまでの日本型企業風土を考えれば、発明の対価を個人に吸わせるのは困るでしょう、と産業界から申し出を受けたから。知的財産法学者の紋谷《もんや》暢男《のぶお》は「『対価』という言葉がもっぱらお金のことを指し示す点に問題があります。今回の法改正で特許を最初から『会社のもの』にし、『対価』ではなく、より幅の広い『報奨』に変えるべきです。報奨金だけでなく、昇進、昇給、表彰、留学、記念品など、様々な形があってよい」（『朝日新聞』二〇一四年一〇月一六日）と語る。記念品なんか要らない。

「うちの会社」という曖昧な帰属精神を改めて象《かたど》るかのような申し出でもある。帰属する民は、その中で相応の報奨を得るべきであり、その枠組みから決して逸脱してはならぬ、というわけ。井の中で、蛙《かわず》なりに存分に暴れなさい、と。最大の栄誉をもぎ取ったそうですが、土管の空き地でひとりだけ褒めちぎられるのはいかがなものでしょうかねと、途端に法規がしゃしゃり出る。空き地の中の個人が飛び抜けることを妬《ねた》み、嫉《そね》むのである。

できる後輩が入ってきたのだけど自分が生き残るためにはどうしたらいいだろうか、という悩み相談に「駅の階段で後輩を突き落とすしかないね！」と答えたのはさすがの高田純次だ。こういうユーモアを少しも許さないために、「うちの会社」は特有の言語を育んできた。「社に持ち帰って検討します」「まだ社内の了承は得ていないのですが……」といった、虚構じみた帰属がイヤらしく発露する言語たち。駅の階段ででできる後輩を叩《たた》き落とす可能性を少しも含んではいけない言葉。検討したり了承したりする会社とは一体、誰なのか。「うちの会社としては」と言うくせに、「うち」とは

「my」ではないのだ。

多くの人が平気で使ってしまう「弊社」という言葉にしてみても、「弊」は自分のことに関する謙《へりくだ》りを表す言葉であると同時に、他に「物が破れてぼろぼろになる。ついえる」（『大辞泉』）という意味を持つ。自分のものではないのですが、と謙り続けて、しまいにぼろぼろになってしまうかのような「うちの会社」と「弊社」。一度社に持って帰って検討するのが誰なのか、という議題は問われない。自分のこととして謙ったはずなのに、一度社に持ち帰って検討された事項が「社で検討したところ……」と差し戻される。「社で検討したところダメでした」って、つまるところ「上司に相談したらダメだと言われた」なのだが、「社で検討したところ」には、結果を引き受けなくてはならないオーラが漂う。一体、会社とは誰なのだろうか。

芸能人が熱愛したり脱税したり交通事故を起こしたり薬に手を出したりすると、八割方、「担当者が不在のため」との理由で所属事務所の取材が断られる。もしかしたら担当者は、下のコンビニでカップ麺《めん》のお湯が足りなくなって新しいお湯が沸くのを待っているのかもしれないが、不在に変わりはない。「現在、担当者が不在で、弊社に対応できる者がおりませんのであしからずご了承ください」という弁は、不思議なもので、それなりに奥深いところまで事態が伝達している雰囲気を醸《かも》し出す。会社に所属している個人が使える便利なフレーズのひとつである。「会社は誰のものか」という議論に答えなければ答えないほど、この手の「担当者不在」の価値は高まっていく。「偉いのを出せ!」「おまえじゃわからん」というしょうもないクレームに対して、電話に出た受付の女性は「あいにく担当者は不在でして……」とかわすのだが、これはクレームを入れる連中に対して、奥に行けば行くほど話が伝わる（かもしれないけど今はいない）構図を信じ込ませることに成功しているわけだ。これはトリックだ。繰り返すが、実際には全てを答えられる担当者一人がコンビニでカップ麺を作っているだけかもしれない。つまり、会社とは誰かに答えないことで、組織の奥行きや広さが確保されるのである。受付嬢を設けているのは、「会社は誰のものか」を簡単には見せない措置」でもある。

「うちの会社」は、すぐそこで誰か一人が解決できそうな問いであろうとも、絶対にそこでは答えない。すぐに答えてしまいそうな仕組みを流布《るふ》しないように出来ている。個人と組織を分け隔てる境界はどこへ向かっていくのだろうか。そもそもそんなものを見つけ出すことができなくなるのだろうか。社員それぞれに持たせる言葉が押し並べて会社の輪郭を隠し持っている言葉である以上、その境界は設定されない。

世界はやっぱりジャイアンが仕切る。従属に体を慣らしてきたスネ夫は迷っている。

ついつい、「でも、いざという時は優しい」を使って依存してしまう。毎度のごとく、のび太がやって来る。ジャイアンが、また叩いてしまう。のび太はまた泣く。スネ夫は、従属を選ぶわだかまりを抱えながらも、のび太にだけはなりたくないというアイデンティティを強固にしていく。だが、ジャイアンに直接的に加担するのは憚《はばか》られる。一体、僕は何者なのだろうと、スネ夫はスネ夫なりに悩む。排他で結束を高め続けることを、さすがに躊躇《ちゅうちょ》する。

私たちは、一から十まで決められなくなって、全てを一度社に持ち帰って検討してしまう。一体、「うちの会社」の「うち」とは誰なのだろうか、を抱えながらも、いつしかその「うち」を好都合に働かせる方法を熟知し始める。土管の空き地は、恒常的にそこで強権を振るっている誰かのものではないと言い張りながら、所有主が定まらないままの状態を歓待しているスネ夫の居心地をひとまず安定させるのだ。

14

ずっと好きだったんだぜ

語尾はコスプレである

外国人の発言を邦訳した時に突如として表れる不可思議な語尾。それにまつわる違和感について、朝日新聞の連載「英語をたどってⅡ」(二〇一四年九月八日)に鋭い指摘があった。例に挙げられているのは『アナと雪の女王』。

記事によれば、吹き替え版では「〜ました」や「〜です」となっている語尾が、劇場で販売されているパンフレットでは、「〜のよ」や「〜なの」と記載されているという。エルサは「誤解されているのよ」と言い、アナは「彼女はとても人間的なの」とパンフレット上で言い始める。鑑賞後、途端に二人が馴《な》れ馴《な》れしくなっている、というわけ。

なぜこのような語尾が使われるのかについて、翻訳家の戸田奈津子に尋ねるのだが、さすが映画字幕のオーソリティ、返答が痛快だ。

「書いている人はなーんにも考えてないでしょ。私だって昔そういう仕事をしたけれど、考えてなかった。そもそも英語にそんな語尾なんてないんだから」

語尾がない英語の邦訳に付着してしまった語尾とは、つまるところイメージの産物だ。外国人ミュージシャンのインタビューが常時「今回のアルバムは最高さ、日本のファンも気に入ってくれると思うぜ。一緒にロックしようぜ」と無闇《むやみ》にトゥゲザーしたがるのは、彼の真意を丁寧に日本語に落とし込んだというよりも、こちらが彼のテンションを推し量って勝手な語尾を付着してきたからだろう。

当人としては「今回のアルバムは最高です。日本のファンも気に入ってくれると思います。一緒に盛り上がりましょう」と無難に伝えたつもりでも、彼に対して設定されているイメージがフランクな語尾を呼び込み、たちまち「ロックしようぜ」になる。トム・クルーズならば「驚くべきことにスタントマンなしでした。全く信じられませんね」とスムーズな訳があり得るが、エディ・マーフィが全く同じテンションで同じ内容を喋《しゃべ》れば「スタントマンなし？　ったく、信じられるかい？」と訳してしまいたくなる。こうして本人の特性が日本語で管理される。

本人のイメージが日本語に委託されるという珍現象はしばしば生じている。戸田は「書いている人はなーんにも考えてないでしょ」と言うが、おそらくそれなりに考え抜いている。エルサらしさ、アナらしさをポップに創出するための語尾をあれこれ考えて、わざわざ「のよ」「なの」をくっ付けてみせた。鑑賞後の子どもが買うことの多いパンフレットにフレンドリーさを持ち込むために私たちに何ができるか。イラストは決まっているし、元の英文をイジるわけにはいかない。自由が許されるのは語尾だけだった。

高校生の頃、愛読する洋楽雑誌のQ&Aコーナーに「ミュージシャンの一人称はどうやって決めているのか?」という質問が載っており、回答した編集部は、ミュージシャンのイメージに合わせて使用していると返答、時として近い距離感、時として威厳を感じさせる一人称って、なーんだ、編集部が決めていたのかよ、と失望させられた記憶がある。落ち着き払ったベテランには「私」、ロックスター然とした居丈高なミュージシャンには「俺」、その居丈高にやんちゃ度が多分に含まれていれば「オレ」、中性的なキャラクターならば「僕」や「ボク」も使われるだろう。話者の「I」はこうして、イメージから抽出された日本語で統率され、本人の関知せぬところで振り分けられてきた。「俺」から「私」へ変化した誰かがいたとしても、その変化はあくまでも他人が司《つかさど》ったものなのだ。

外国人ミュージシャンのライブDVDは、MCにだけ字幕が付くことが多い。アナ雪のパンフレットが「〜のよ」「〜なの」で身勝手にフレンドリーさを盛ったとすれば、MCに頻出する「〜か！」「〜だろ！」あたりの強調もしばしば身勝手に盛られている。断定の助動詞と推量の助動詞をくっ付けた「だろう」は、雄々しいライブでは「だろ！」と短縮して繰り返されて、アジテートに使われる。MCが持つ言葉の威力を最大化する措置なのだろうが、では果たして「盛り上がってるか！」「まだまだ物足りないだろ！」という言葉は日本語としての汎用性《はんよう》を持っているのかどうか。日本のロックミュージシャンのMCに「か」「だろ」（例：まだまだそんなもんじゃないだろ！）といった強調が頻出することに、「外国人ミュージシャンのライブDVDの字幕訳文」が影響している可能性は捨てきれない。

日本語のステレオタイプについて探究した金水敏《きんすいさとし》『ヴァーチャル日本語　役割語の謎《なぞ》』（岩波書店）は、語尾を「〜じゃ」で喋る博士がいるはずもない、「ごめん遊ばせ、よろしくってよ」と結ぶお嬢様がいるはずもない、なのに世の中はそんな「ヴァーチャルな日本語」に溢《あふ》れていると書く。お嬢様言葉の典型は『エースをねらえ！』のお蝶《ちょう》夫人。メイド付きのお城のような豪邸に住むお嬢様。「いわゆる〈お嬢様ことば〉の典型なのである。まず『〜て（よ）』あるいは『動詞

＋わ』『名詞＋だ・です＋わ』『動詞（＋ます）＋の』といった語形を多用する」なるほど確かに、「あたくしも賛成ですわ」「欠点がよく分かってよ」というお蝶夫人の言葉遣いはお嬢様キャラの定番と化したが、実態に即してはいない。一九七三年から八〇年にかけて連載された本作品は、以降の少女漫画の「お嬢様」言語に多大な影響を与えた。しかし日本じゅうどこを探しても、「行って参りますわ」と学校へ出かけていくお嬢様はいない。万が一いたとしたら、お嬢様だからそういう言葉遣いになったのではなくて、漫画の中のお嬢様がそのように喋っていたからそれを喋り出したはず。創作と実態の順序が分からなくなり、混在していく。

八〇年代の青春群像を描いた吉田修一『横道世之介』（文春文庫）、主人公の世之介はお嬢様の祥子と出会う。世之介が驚いたのは祥子の言葉遣い。「ほんとなんですもの」「親友ですわよ」「まだ寝てらした？」。しがない大学生との会話のコミカルさを握るのは、まさに典型的なお嬢様言葉に準じた言葉遣いをする存在だった。吉田修一の小説は「いなそう」と「いそう」を俊敏に行き交う登場人物の描写がテクニカルだと感じてきたが、この小説においては、その交通がお嬢様特有の語尾に握られていた。

金水は、『鉄腕アトム』のお茶の水博士や『名探偵コナン』の阿笠《あがさ》博士が「親じゃと？　わしはアトムの親がわりになっとるわい！」「ワシも一人暮しでなにかと大変なんじゃ…」と「博士語」を喋るとも指摘している。断定の「じゃ」は標準語では「だ」、進行・状態を表す「ておる」は標準語では「ている」、これらが西日本方言風なのも興味深い。

これらの漫画に登場する博士たちが押し並べて西日本出身かといえばもちろんそんなことはない。ストーリーテラーが、博士というイレギュラーな存在を物語に活用するための最善策を考え込み、ストーリーの中軸にいるキャラと距離を取るために西日本方言風の「博士語」を喋らせて、いつしか定着していった、ということなのか。研究に勤《いそ》しむ大学教授や研究者に、「ワシの話を聞いてくれや」と話し始める人はいない。その言葉遣いを待望する人もいない。博士が主人公ならば、博士語は使われない。茶目っ気を委《ゆだ》ねたいサブポジションで博士が出てくる場合にのみ、「ワシも一人暮しでなにかと大変なんじゃ」とコミカルに話し始める。

言葉は人を規定するプレイに使われている。本人のスタンスに近付くために用いられたにすぎないはずの日本語が、いつしか当該の人物を規定していくというトリック。「言葉のコスプレ」とでも言えばポップな言い方になるだろうか。なりたいポジションに用意された言葉の特性を判別し、根こそぎ取得することですぐさま立場を変えることができる。極端な例を提示してみよう。

いい年したオジ様が赤ちゃんに扮《ふん》して女性からサービスを受ける「赤ちゃん風俗」なるものがある。専門のサイトを見つけて詳細を調べると、九〇分（おしっこ二回まで・布オムツ二〇枚か紙オムツ二枚）で二万五〇〇〇円。具体的なサービスとしては「おしっこで、お漏らしした布オムツや紙オムツをママが替えて、お尻《しり》を優しくキレイにふいてくれます」「ママ・お母さんのおひざで、おしりペンペン」「最後はママのお手手でゾウさんを気持ちよくします」と想像するだけで厳しいが、そのオプションのひとつに「絵本の読み聞かせ」があることに感心した。「プレイ」を完遂するためによくぞ考えられた企画である。

赤ちゃんプレイに臨むオジ様はひとまず、先ほどまで部下を「この納期じゃ間に合わないって言ってんだろ、週明けまでに書類を書き直してこい！」と怒鳴っていた言葉遣いを変えなければいけない。オムツをはく前に、あるいは同時に、言葉を改める必要がある。

オムツをはきながら「ママ、おっぱいくだちゃい」で二万五〇〇〇円とは情けないかぎりだが、大枚はたいてプレイに興じてくれる側に、徹底的にプレイで返礼する技のひとつとして絵本の読み聞かせを用意するのは巧妙だ。オッサンとお姉さんという関係性を赤ちゃんとお母さんの関係性に強制変換させるのは、コスチュームよりも言葉である。「くだちゃい」と「でちゅ」を持った時に、部下を「言ってんだろ」「書き直してこい」と叱《しか》った上司の立場から解き放たれる。言葉によって、属性を懸命にリセットし、沿う形に変えていく。オムツをはいたオッサンが尿を漏らしても、あたかも赤ちゃんみたいな行為をしているだけにすぎない。「お漏らししちゃっちゃ」で、ようやくオッサンは赤ちゃんになれる。

性風俗のジャンルで「言葉攻め」が重宝されるのは、「プレイ」内容よりも一段階上のレベルで「主従関係」を作り上げることができるからなのだろう。オムツをしたオッサンに母乳を与えるだけではなく、絵本の読み聞かせを加えるのが有効なのは、衣服のコスプレやシチュエーションの変化よりも言葉のコスプレで根本を覆《くつがえ》すことができるからだ。

にしおかすみこというSMの女王に扮したお笑い芸人がいたが、彼女の口癖は「アタシだよっ！」だった。前出の金水の著書に、「だ」という判定詞を使うのは男性的特徴だとある。「アタシよ！」では女性的な主張だが、「アタシだよ！」は男性的な断定になる。

「アタシよ」といった女性的な言語は、自分を強めにプレゼンしたとしても、その考えを押し付ける勢いが控えめに伝わるようになっている。少なくとも強制性は生じない。一方、「アタシだよ」と、伝達よりも強制に重きを置くのが男性の言語。SMの女王様が男性的な特徴を持つ言語を使うという判断は正しいし、「聞こえねえな!」とSに怒鳴られたMが「たっ、叩いてください」と女性的な謙譲を繰り返すのも正しい。「あら」「まあ」という女性性を「おい」「こら」という男性性に変え、終助詞「ぞ」「ぜ」を使うなどして言語の性差を反転させ、SMの女王様は男を征服していく。男性性の言葉を使うことが許されなくなった男性は、その閉塞《へいそく》感に身悶《みもだ》える(のだろう)。SMの女王様の言葉攻めはとことん理に適《かな》っている。

〝未婚のプロ〟を謳《うた》うコラムニスト、ジェーン・スーの本に『私たちがプロポーズされないのには、101の理由があってだな』(ポプラ社)があるが、このタイトルなど、語尾だけで立場を明確に主張している。『私たちがプロポーズされないのには、101の理由があります』では〝結婚のプロ〟の言葉だ。ジェーンはコラムの締めを男性言葉にすることが多い。「手を取って頑張って生きていきましょうぞ」「細い首を洗って待っておけ」「具体的にはどうしたもんかね」「私たちは、当面これでいいのだ」というように(ジェーン・スー『貴様いつまで女子でいるつもりだ問題』幻冬舎)。少なくとも男にかしずく女ではございませんので、と男の言葉が意図的に用いられる。あるいは男の言葉を使うことで、既存の男女観を逸脱していくという宣言を果たす。そして、混乱させもする。女性が女性性を排すためにSNSなどで「俺」を使うケースがあるが、それよりも「だな」などと語尾をいじるほうが劇的に刺さる。

斉藤和義のヒット曲「ずっと好きだった」のポイントは、「ずっと好きだった」に続く、「んだぜ」にある。この曲を聞いたイラストレーターの益田ミリはこの「だぜ」に反応してTSUTAYAに駆け込んだとエッセイに書いている（益田ミリ『キュンとしちゃだめですか？』文藝春秋）。「『ずっと好き』などと言うのは下手すりゃ薄気味悪くなるものだけれど、なにせ『ぜ』である」と興奮気味。

しかし、曲中で一二回も連呼される「だぜ」を斉藤は曲名に反映させなかった。ジェーン・スーの「あってだな」とは真逆の働きかけだ。つまり、男性的な「だぜ」を表題から隠した。シティホテルのラウンジバーで繰り広げられる、静かでキザな恋愛沙《ざ》汰《た》「ずっと好きだった」を、たちまち学生の青臭さに引き戻す「ずっと好きだったんだぜ」。歌を聞きさえしなければ、その青臭さには気付けない。

本稿の議論をこの斉藤の曲で復習するならば、

「ずっと好きだったのよ」がアナ雪風、

「ずっと好きでしたわ」がお嬢様風、

「ずっと好きだったんでちゅ」が赤ちゃん風俗風、
「ずっと好きだったんだけどな」がジェーン・スー風、だろうか。

昨今、商品名にオノマトペが目立つようになったが、その走りは九〇年代半ばに登場した「じっくりコトコト煮込んだスープ」だという。商品の特徴付けに「コトコト」を使うのは当時では異例だった。今流行《はや》りのプライベートブランドを探ってみると、オノマトペが氾濫《はんらん》していることが分かる。

並べてみよう。「ごろっと男爵《だんしゃく》の肉じゃが」「トロッとスパイス香るカレーパン」「ミルクたっぷりとろりんシュー」「ごろごろ野菜のおみそ汁」「サックリメロンパン」「ごろっとしたアップルパイ」「しっとりふわふわ　フォカッチャ」「シャキシャキごぼうのサラダ」「プリッとした食感　マカロニサラダ」……。

このようにしてコンビニのプライベートブランドの多くがオノマトペを多用している。「世界一美味《うま》い酢豚」と書いた場合に生じる「どこが世界一なんだよ」とカスタマーセンターに電話がかかってくるリスクが、オノマトペにはない。マカロニサラダに「プリッと」という概念は必須《ひっす》ではないが、「プリッと」が投じられることで、もしかして僕たちはマカロニサラダをこの判断軸で選んできたのではないかと錯覚させてくれる。これまで漂わせたことすらなかったのに、客に「うんうん、マカロニサラダと言えばプリッとが基準」と納得してもらうという巧みな手段だ。それでいて「プリッと」は誰ともシェアできない。カスタマーセンターに「おいおい、プリッとしてねぇぞ」と問うても、「私どもと致しましてはあちらを『プリッと』とさせていただいておりまして……」と返されてしまうだろう。

だが、並べてみたように、もはやオノマトペは投じ尽くされてもいる。次なる潮流にすべきは語尾ではないか。この本を、明日から使えるビジネスメソッドばかり読んできたビジネスマンが読んでくれるとは思わないが、君たち、これからネーミングに使うべきは語尾だぜ。これだけターゲットを明確にすることができる言葉の部位はない。「ふんわりメロンパン」を「ふんわりメロンパンだぜ」にした時に売り上げは激減するだろうが、値段を三倍にしてプレミアムなメロンパンを「だぜ」付きで売り出せば、商機が芽生えるかもしれない。赤ちゃん風俗では値段を三〇倍にして「ふんわりメロンパンが欲しいんでちゅ」で売り出せばいい。

語尾による日本語の規定、そして性別の攪乱《かくらん》、ここを掛け合わせたり引き算したりすると、日本語から新たな態度を取得することができる。言葉のコスプレはまだまだ手つかずだ。特に語尾は狙《ねら》い目だぜ。

15

〝泣ける〟と話題のバラード

プレスリリース化する社会

日本語の乱れは、定期的に問われている。つまり、定期的に乱れている。要するに、乱れっぱなしだ。

定期的に難色を示す人たちの心根に、そろそろ「言葉とはそういうものである」という諦《あきら》めが根付くことを懇願しているのだが、言葉の保守派は、ほぐそうとする相手を決して革新派とは見なさずに、闇雲に崩しにかかるやんちゃな不良連中と蔑《さげす》むのを止《や》めず、むしろパトロール出動の度に正義感を凜々《りり》しく保っていく。言葉の乱れは時として言葉の発達を呼び込む可能性を持つが、何がなんでも牙城《がじょう》を守り抜くことにしか興味がない保守層にはその申し出が届くことはない。彼らは新規受付業務を恣《し》意的に怠っている。

先日、仕事用に使っているフリーメールが三日間ほど使えなくなった。「明日の夜までには何とかします」との弁明文を受けて素直に明日の夜まで待つと、「明日の昼までには方針を出します」と宣言され、素直に明日の昼まで待つと「今日の夜までには皆様にお伝えできそうです」と再びの宣言。素直に今日の夜まで待つと「明日の明け方までに随時修復します」と宣言され、明日の明け方になるとようやく直っていた。

他人様にモテを指南する恋愛カウンセラーが「ポイントは初日はランチをするだけ、次のデートはディナーを食べてお泊まりはナシ。いかにして焦《じ》らすかが相手の心をキャッチする方法よ」とアドバイスするアレを見倣《みなら》ったのだろうか。

焦らされて確かに翻弄《ほんろう》されたこちら、同じ境遇に置かれた皆はどんな反応を見せているのかと被害者を探して安堵《あんど》するために、ツイッター検索に「ヤフーメール　見られない」と入れてみる。

「ヤフーメールが見られないので、非常に困っています」「ヤフーメール、いつになったら……見られないとチケットの発券ができない(涙)」と困り果てているものの、わずか数十件のクレームだ。数百万アカウントが見られなくなっているのに、この割合は少ない。皆、見られない事実を静かに受け止めているのだろうか。ふと思い立ち、「ヤフーメール　見れない」と「ら」抜き言葉を入れてみる。その数が十数倍に膨れ上がる。それぞれのコメントを抽出して比較してみる。「見られない」に比べて「見れない」は、書き込まれた言葉も心情も著しく乱れている。「ヤフーメールまだ見れない、まじムカつく」「メール見れないまんま三日に。おいコラ、賠償してくれんだろうな、ヤフーさんよ」「ヤフーメール見れないってのに孫ハゲ胴上げされてるクソ「ら」抜き言葉を訝《いぶか》しむ人は多い。言葉の乱れの代表格だ。ある作家の日記に「ら」抜き言葉を使ってくる編集者とは仕事をしたくないとも書かれていた。しかし、「ら」抜き言葉は本当に日本語の乱れを象徴しているのかどうか。

正しいor崩れているという議論の前にひとまず比較しておきたくなるのは言葉に染《し》み込んだ攻勢の度合いだ。「ヤフーメール　見れない」には直情的に訴える表現が並び、「ヤフーメール　見られない」にはその事実を受け止めていますという雰囲気が立ちこめていた。早く復活させろよ仕事が滞んだろ、という「文句」は「見れない」で、騒いだって直りはしない、困ってはいるけれど受け止めるしかないでしょうという「静観」は「見られない」を使った。

日頃、日本語の乱れを苦々しく指摘する人たちは、引き継がれてきた時代性ばかりを考慮して、その時々の場面や感情を考慮しない。言葉の豊かさを拡張するのは歴史ではなくて場面や感情だ。新たな言葉や表現は、故《ふる》きを温《たず》ねるよりも、眼前の出来事に積極的に反応していくほうが生まれやすい。それに、ある瞬間に言葉がたちまち発芽する可能性を閉じたくもない。

三日間もメールサービスを止めてしまったヤフーメールには手厳しい声が向かうわけだが、このとき、ヤフーは改善に向けて「見られない」よりも「見れない」側の意見に耳を傾けていくことになる。「ヤフーメール見れないってのに孫ハゲ胴上げされてるクソ」あたりの罵詈《ばり》雑言《ぞうごん》には耳を傾けないにしても、サービスを改善するために真っ先に着目する意見は「見られない」よりも「見れない」だったに違いない。「見られないので、非常に困っています」に対しては返す言葉などなく、淡々と頭を下げるしかない。建設工事のお願い看板のように、形式的に謝るばかり。

日本語は定期的に乱れている。でもその定期性は、もしかしたら日本語を柔らかい体つきのまま保たせている重要な取り組みなのかもしれない。

だとするならば、その柔らかい体つきを優先したくなる。保持したくなる。本書全体に通底するテーマでもあるけれど、どこまでも自由であるべき言葉を紋切型で拘束する害毒は、正しい・正しくないを越えて駆除すべきだと思っている。つまり、あらゆる〝こうでなければならない〟から、言葉は颯爽《さっそう》と逃れていかなければならないと思う。

言葉を拘束する、この最たる悪例として考察しておきたいのが「プレスリリース」の存在。企業が関係者向けにあるいは一般客向けに商品や企画を公表するプレスリリースは、どうしてだか私情を込めてはいけないことになっている。書き手の温度、ワタクシの温度を下げれば下げるほど、引き締まった文章だと評価され、上司からはなまるがもらえる。私情が居残っていると、それはリリースできずに差し戻され、今宵も一人、残業を余儀なくされる。

いわゆる全《すべ》ての公的な文書に通じる煩《わずら》わしさとは、要点がどこにあるかを死に物狂いではぐらかすための知恵の総結集にあるわけだが、プレスリリースというのは往々にしてその逆で、言葉を絞りに絞って、案件の魅力を端的に伝えるためにはどのような言葉を並べればスマートになるのかに力が尽くされる。アピールしたい点をそのまんま受け止めてもらうための言葉。プレスリリース作成の指南本をナナメ読みすると、つまるところ、ダイレクト性が必要だと言う。学習参考書と同じで、「要点まとめ」が最重要視されている世界。何が要点なのかを人に考えてもらうようではプレスリリースの機能を果たしていない。

職業柄、音楽・書籍・映画・美術展のプレスリリースに触れることが多い。年々、バカ丁寧に作られたものが増え、対象の作品に直に触れなくてもおおよその枠組みが見渡せてしまう仕上がりになっているものが少なくない。受け手の感性を懇切丁寧に蔑んでいるとしか思えない説明過多な「あらすじ」もしばしば散見される。

この突拍子もない音楽の狙いはどこにあるのか、この物語はどこへ帰結していくのか、この幾人も入り乱れた殺戮《さつりく》劇が繰り返される理由とは何だったのか、この展示会を「輪廻《りんね》」と名付けた深意とは何か、この演劇が小劇場界で圧倒的に新しいとされた三つの要素とは……このようにして内容・要点・着眼の全てがプレスリリースで済まされている。こうなると、使っている具材の紹介ではなく、出来上がった料理の味・食べ方・保存法が書かれているようなもの。

どこまでもバカ丁寧なプレスリリース。その丁寧っぷりが止まらない元凶は、提示された料理の味・食べ方・保存法を正直に受け止めて、「これはこんな味がして、こんな食べ方があって、こうやっておけば保存もできるんですよ」とそのまま書き連ねてしまう媒体があまりにも多いから。「何だかよく分からないもの」よりも「とても分かりやすいもの」ばかり希求するならば本日付けで編集者を辞めて田舎に帰ってしまえばいいのにと心底感じるが、プレスリリースに積極的に甘んじていく姿勢と体制は、情報処理に忙しい発信者と受信者の両者の負担を軽くしてもいるのだろう。

例えばある新作アルバムについてこういうプレスリリースがあったとする。こちらが三分で考えた、プレスリリースにありがちな内容紹介だ。

前作から2年振りとなる新作アルバムが待望のリリース。中高生を中心に感動の嵐を呼んだ胸キュン映画『あの日へのラブレター』の主題歌『トゥルー・メモリーズ』がシングルチャート初登場6位、ベスト20に5週連続ランクインするなど人気急上昇中の3人組。PVが公開されるとたちまちフェイスブックで1万いいね！を記録した切ないラブソング『僕はキミ、キミは僕』がスマッシュヒット中のラブソングユニットが送る、ラブ度満開のハートフルなアルバム。

なんの変哲もない紹介文だが、この手のプレスリリースを受け取った側はこんな感じで情報誌に載せたりする。

〝泣ける〟と話題のバラード『トゥルー・メモリーズ』がシングルチャート初登場6位、ベスト20に5週ランクインするなど人気急上昇中の3人組、前作から2年振りとなる新作アルバムが届いた。『トゥルー〜』の前作『僕はキミ、キミは僕』はPVが公開されるや否《いな》やたちまちフェイスブックで1万いいね！を記録するなどスマッシュヒットを連発。中高生を中心に感動の嵐を呼ぶ3人組が送るラブ度全開のハートウォーミングなアルバム。

こっちを書くのには二分。お分かりいただけるだろう、出来上がったパズルをバラして、もう一回組み直し、手持ちのスパイスで少々の味付けを施しただけ。「ハートフル」を「ハートウォーミング」にするあたり、我ながらリアリティがある。提供されたパーツだけを使い、そのパズルの枠組み自体も変えない。こんなものをレビューと呼んではいけない。

ここに批評性はあるのか、と議論に持ち込む以前の問題なのだ。わざわざ紹介する企図をひとつも文中に盛り込まずに掲載へ持ち込む躊躇《ためら》いのなさに、恥ずかしさは宿らないのだろうか。多少の偏見を混ぜつつ言うならば、ファッション誌のカルチャー欄や、大資本がしっかり支えているカルチャーサイトに、この手の紹介文、つまりプレスリリースそのまんまの文章が目立つ。映画の試写状をもらって関係者と談笑して、その日にもらったリリースを基に文章を書き連ねる。こうやって感情を込めずにスマートな文章を書くことも技術のうち、と思うのはご自由だが、それがたったひとつの技術になっちゃってると気付く前に、次の試写状がやって来る。

先のプレスリリースを出す側が強調したかったのは『トゥルー・メモリーズ』や『僕はキミ、キミは僕』が中高生にウケており、それが「たちまち」の「感動」を持って受け入れられた、という点。この点が優れていますと打ち出した点を、優れているのはこの点ですと書く。こういうのをライティングとは言わない。私恨を込めて言えば、生産業ではない加工業と一緒くたにされたくはない。

先日、こんなメールが来た。特定されない程度に加工して載せてみる。

〇〇〇〇（ミュージシャン名）のWEBプロモーションを担当しておりまして、ぜひ本アーティストを普段ご執筆いただいております、Yahoo! 個人、ハフィントン・ポスト等の媒体にてご掲載の検討いただきたくご連絡いたしました。簡単ですが、〇〇〇〇についてご説明させていただきます。

〇〇〇〇は、10代～20代女性に絶大なる人気を誇るアーティストです。ヴィジュアル系ではありますが、今やその域を超える人気ぶりで、デビュー以来、リリースしたすべてのシングル10作品がオリコントップ10入りで、前作のアルバムは

15万枚を突破しています。ファンがついているのは楽曲の良さやビジュアルもありますが、ファン想《おも》いのライブ展開、そして、パッケージへのこだわりも彼らに支持があるひとつです。Twitter のフォロー数や Facebook のいいね！数を見ていただけるとその人気ぶりが窺えます。2月19日にシングルを出し、その後アルバム発売予定です。アルバム情報は未解禁になりますのでお取扱いにご注意ください。

○○○はメディア露出はそこまで多くない中でファンを広げてきており、そんな彼らがなぜ最低限の露出でここまで注目されるのかという記事をご掲載いただけませんでしょうか？

丁寧なメールだが、もちろん、頷《うなず》かない。「それはできません」と即答したけれど、その主たる理由は、こちらに対して、書き方まで指示が出されていたことだ。「メディア露出が少ないのに注目される理由を書いてほしい」という指示。ライターという職業が舐《な》められがちなのは、こういう要請に素直に応えてしまう連中がいるからに違いない。小間使いを脱出し得ないのは、素直に「○○○はメディア露出が少ないのになぜ注目されるのか？」というタイトルの記事を書いてしまうから。こちらは、先方の下書きを清書する稼業《かぎょう》ではないのだ。その後、意識してこのバンドのニュース記事を追うと、やはり「ビジュアル系の域を超える」「メディア露出が少なくファンの口コミで」という文言は、様々な媒体で様々な書き手が強調していた。つまり、先方からの情報を素直に伝えているわけである。

私のところにやって来た、私にとっての不躾《ぶしつけ》なメールは、もしかしたらむしろ誠実な依頼だったのかもしれない。イメージ戦略にとっての難敵は批評性ではなく無関心だと思うのだが、批評すべき立場の人がここまで無関心に易々《やすやす》と書き連ねてしまうから、まずは関心を促す勝負に専念しなければならない。不躾なメールをあちこちへ出すほうも大変である。

プレスリリースを出すにしても、同じようなプレスリリースを様々な媒体が常に出してくるものだから、より適確な情報を提供しつつも、数多《あまた》の情報に劣らない色付けを施して、「ピックアップ」してもらいやすくする責務がある。かつて、懸賞好きの女性が、葉書で応募する際に葉書の縁から〇・五ミリくらいの側面を蛍光ペンで塗ると当選しやすいと秘技を伝授していたが、あれと同じような取り組みが必須となる。

ライターがプレスリリースのリライト業に勤しんで日銭を稼げば稼ぐほど、ライターは誰でもできる職種に成り下がってしまう。出されたケーキを食べて、「おいしい」

と感想文を書くなら小学生でもできるが、「このケーキのシロップがこだわりです」と書かれたリリースを見て、「シロップがこだわりのケーキが美味」と書くのもまた、小学生でもできること。

実は今のメディアに、「書いてはいけないこと」は少ない。ただし、「書かないほうがいいこと」が異常に増えてきた。手厳しく書いたテキストがすぐさま炎上狙いと捌《さば》かれるのは、メディア同士が「書かないほうがいいこと」を増幅し合っているからで、その頓珍漢《とんちんかん》な自粛を気にしない原稿を見つけては「オレたちのルールから外れている」と牽制《けんせい》してしまう。書かないほうがいいことを勘繰るソースのひとつがプレスリリースだ。

極論だが、リリースに「明るい」と書かれていれば「暗い」と思ってもそうは書かない。明るさの片隅に暗がりを見つけたとして、暗さこそが明るさの道へとつながる、と書けるとも考えない。「心機一転」と書かれたリリースを「昨年末、離婚した◯◯は心機一転」と膨らませてはいけない。しかし、「子を育てる母として」と書いてあれば「プライベートでは一児の母」と書くことが待望される。事前の提出物に書かれていない素材を持ち込んで料理してはいけない。意図的に意に反することをやっていると判断されてしまう。練《ね》られたスタンスとやらに素直に便乗するのが冷静な書き口だと信じているらしい。まったく辟易《へきえき》する。

ある美術展についてのレビューを書いた時の話。原稿を送ると、編集部よりここを直してほしいとPR会社から言われているとの連絡があった。メールには、ここの美術館は年間スポンサーになっているから、とわざわざ言付けもある。

レセプションに招かれた各媒体の記者とともに館内を回り、作者との質疑応答の時間になったが、ひとつも質問が出ない。先ほどまで本人に「いいっすね」「うわぁ、超カッコいい、さっすが」と盛んに投げかけていたにもかかわらず。自分はいわゆる美術の門外漢なので（という言い訳もズルいが）しばらく黙り込んでいたのだが、ダンマリも気まずいので口火を切った。その模様をついつい「アート業界関係者がダンマリを決め込んでいるので」と書いた。

PRを担当している会社が、この表現を止めてほしい、と言う。正直、文章全体から考えてみれば論旨にまったく影響しない枝葉の部分だ。ほんの少し塩気を含んだ調味料でしかない。とはいえ、どれだけ些末《さまつ》な部分であろうとも、なぜこの表現を削らなければいけないのかについて説明が尽くされないまま頷いてはいけない。「アート業界関係者」が読んだら気分を害するから、なのは分かっている。こちらは別に気分を害していただいても構わないし、害した人が苛立《いらだ》ちの矛先にするのはPR会社ではなくて記事を書いたこちらだ。何がしかの申し出が来たら応対するだけの話。どう転がっても大した話ではない。

こんな大した話ではない案件に、わざわざ調整してほしいと申し立ててくるのは、よほどの使命感か、よほど麻痺《まひ》しているかのいずれか。前者風の後者に決まっている。ライターごときの文章は直してもらえると思っているならば、こちらはPRをPRごときと呼び返さなければならないが、おそらくPR側にしてみれば、こういうイレギュラーを少しでも摘み取っておくことが、今回の美術展を最大限より良い形で広めるために有用だと信じ込んでいるのだ。人の書いた文章に直してくださいと申し出るのはそれなりにストレスだから、裏返せば、それなりの正義感から発信されたクレームに違いない。しかしその凝り固まった正義感は、何をどこへ持ち運ぼうとしているかというケース・バイ・ケースの指針をちっとも持たないし、何かを食い止めてしまっている可能性についても想像を膨らませていないようでどうにも陳腐である。

どこで何が行なわれようとも平凡に用意され続けるプレスリリースは、発表される記事のつまらなさに直結していく。大手新聞社のニュース記事は「あんなのは官公庁発表をそのまま書き写しているだけだ」と揶揄《やゆ》されることが多いが、そう言えるほど、他のマスコミ勢はオリジナルな文章を書いているのだろうか。「紹介しておきましたよ」「今度もお願いしますね」「そういえばうちの新人が」「いいっすね、こんど絡《から》ませてくださいよ」……馴れ合いが仕事を生み、生まれた仕事はプレスリリースに基づいて書く。ここにカルチャーとやらが腐る原因はないのだろうか。

かつて、レコードに封入されているライナーノーツでは、音楽評論家がそのアルバムの物足りない点について言及していた。今では考えにくい。そういった書き手の言葉を許容し、その多様性を市場の活性化につなげていた。プレスリリースの存在を、カルチャーが萎《しぼ》む遠因かと思っていたが、もはや、萎む近因である。批評を文句と誤読したり、反響を炎上と誤解したり、審判のバランスも尺度も狂い始めている。最初から情報を整えてくる側の指針に従いすぎているからこうなるのだ。この緩慢な対応が、あらゆる萎縮《いしゅく》や短命を招いているに違いない。有線ランキングに売り出し中の曲をランクインさせることよりも優先すべきことはないのか。

拘束されない日本語、乱れ続ける日本語、跳躍力を外から管理されない日本語、自由にのびのびとどこかへ旅立っていく日本語を、正義感や平均化で整えてしまうほうが日本語にとってはリスクとなる。拍子と変拍子でいえば音楽を脱皮させてきたのは変拍子だ。カルチャーの現場は、常に整わない環境を常態化しなければいけない。出る杭《くい》があれば育てなければいけない。出てこないで横目で既存の杭を見てそこに背丈を合わせてくるような杭にばかり餌《えさ》を与えてはいけない。そんな杭は絶対にオリジナルな言葉を持たない。そんなコピペが続くと、文化はのっぺりと揃《そろ》って、多くの可能性を無自覚にぶっ壊してしまうはずだ。

16

誤解を恐れずに言えば

東大話法と成城大話法

処女作なのだからテメエの話をしてみるのもいいかもしれない。本書カバーそでの著者紹介文には「大学卒業後、」とある。さらりとかわしているのは自分が学歴に対して根強いコンプレックスをまだまだ熟成させているからで、博士論文を書籍用に改稿して、教えを乞《こ》うた有名教授に推薦文をもらうという、例の切符を切れないのだ。自分に持ち得ないものをひとまずバッシング対象に置いてから自分に引き寄せるかどうかを決めるという悪癖があり、ついついその手のルートで絶賛コメントをもらってデビューを飾る人たちを、羨《うらや》む気持ちを必死に抑えて邪道と認定してしまう。しかし、それってこちらがただただクラシックなコンプレックスを発動させているだけじゃん、という自戒は、辛うじて保てている。

『an・an』がセックス特集を定例化するように、ビジネス誌は大学特集を定期的に組む。就職に強い大学、経営者に多い出身大学、平均年収で見る出身大学、学歴社会の変遷《へんせん》を丁寧に追わなくとも、学歴はそれなりの尺度としてすっかり居座ったままだと分かる。

来る日も来る日も就職活動に明け暮れていた頃、企業の採用担当者が各大学の学生をどう見ているかについての分析をある書籍で見かけ、そこには「成蹊《せいけい》大学と成城大学の学生は、企業にとってありがたい存在。なぜならば強いアイデンティティがあるわけでもなく、企業にとって使いやすい人材であることが多い」と書かれており、たいそう苛立った。しかし、いざ大学を抜け出る頃には、どこかで見かけたその文章を思い出しながら、しきりに頷くようになっていた。

つまるところ成城大学に在籍していたわけだが、少なくとも自分が在籍した時期の経済学部経済学科に、学問を高めようとする躍動感を探し出すのは困難だった。どこかには芽生えていたのだろうけれど、のほほんと授業に向かう分にはどうにも気付けなかった。一年生の夏、ミクロ経済学の授業でデフレのトレンドとして扱われたのは牛丼屋《ぎゅうどんや》チェーンだった。古びた自著と突き合わせながら、そこに載ったグラフを黒板に書き写し、私が予測していたこのグラフのここが今のデフレの流れと対応していると意気揚々と語る授業を浴びた。牛丼屋のデフレはグラフのここです、と彼は誇らしげに繰り返した。友人が先輩から手に入れてきた一昨年の授業をまとめた要点ノートを開いてみると、そこにも牛丼屋のデフレが出てきた。「グラフ内に牛丼屋のデフレ傾向を示せ、という問題が出るかも？」とメモ書きしてある。牛丼屋のデフレ傾向を先読みしていた一件は、彼のアイデンティティだった。

いわゆる一流の大学を蹴落《けお》とされてから行き着く大学として成蹊や成城は重宝されている。それでいて幼少期からの一貫教育システムが双方ともに強く、一〇年以上もその称号を背負いながら育ってきた人たちが一定数いる中に飛び込んでいくものだから、「大学デビュー」が文字通り機能しやすい早稲田や明治などと比べると、デビュー志向の人は出鼻をくじかれてしまう。

A級からこぼれ落ちたB級ならではの矜持《きょうじ》が発奮されるような泥臭い場所を探し求めたが、なかなか見当たらない。薄暗い地下にある音楽雑誌サークルの部室に出向き同人誌への投稿を志願、先輩勢に負けてたまるかと力みに力んで、「ピンク・フロイドと9・11の関係性」というテキストを書く。出来上がった冊子を眺めてみれば、他に並んだ文章は「この曲、今度のイベントで絶対かけたいよね〜！」という生温《なまぬる》さの極地を行くレビューで、その間に挟まれた世界貿易センタービル論は所在なさげだった（ので、すぐに辞めた）。

小学生時代からそこに通う人たちにしても、最高ランクの幼稚舎を落ちた子どもが次にチャレンジする学校だということもあってか、なにかと「トップではない」空気を皆が皆で隠し通す雰囲気があった。今はどうだか知らないが、この、目に見えない慰め合いにどうにも馴染めなかった。慰め合うならもっと大々的に慰め合えばいいのに、といちいち捻《ひね》くれていた。結局、ほとんど積極的な通学はしなかったのだが、就職が決まったら就職先を就職課に届けることになっており、四年生の秋、内定した後になって初めて就職課を訪ねた。その課の男性が亀《かめ》のようにゆったりと、気怠《けだる》そうに体を起こして出てきては、はいはい、ようやく就職内定ですか、引っかかってよかったね、と心の声を漏らしながら対応してくれる。指定の用紙に学籍番号等を書き入れ、就職が決まった出版社名を書き入れる。亀のような動きをしていた男性が突然俊敏になる。マスコミ業界に就職する生徒が多くなかった大学なので、出版社名を何度か繰り返しながら興奮、声色が瞬《また》く間に変化する。

「おめでとうございます。是非、来年以降はうちの就職セミナーにも出てくださいね。マスコミ業界を目指す人が多いのですが、なかなか結果を出せていませんから、セミナーで熱弁を振るっていただければと。楽しみです」と単なる学生に媚《こ》びを売り始めた。安手のゴマスリに頷くはずもなく、その場で「お断りします。大学には在籍しているものの、授業もほとんど出席していませんし、むしろこの大学の空気は合わないことばかりでした。ここで学んだことがこの結果につながったとは思っていませんので」と返答すると、課の皆様がポカンと口を開けてこちらを向いてくる。負の記憶として冷凍保存していた「ピンク・フロイドと9・11の関係性」が数年振りに解凍されるのだった。

あの時感じた寒気を思い起こしながら、安冨歩《やすとみあゆむ》『原発危機と「東大話法」　傍観者の論理・欺瞞《ぎまん》の言語』（明石書店）を読むと、「相応」の知的権威を持つ場所＝成城大と、「最高」の知的権威を持つ場所＝東大とでは、言葉の果たす役割がこうも異なってくるのか、と呆気《あっけ》にとられる。

東大に蔓延《はびこ》る話法を「東大話法」と名付けた安冨は「原子力発電所という恐るべきシステムは、この話法によって出現し、この話法によって暴走し、この話法によって爆発した」と言い切ってみせる。最高権威に居座るための言語は、言語を鎖で縛り上げる、極めて不幸な言語体系であるとした。持論を守り抜くために、秀《ひい》でた存在としてその場所を担保するために、自分たちが持つ言語だけで事を運ぼうとする。いくつも列挙される具体例の中で、「東大話法」のスタンスが最も分かりやすく表出していたのが、東京大学大学院工学系研究科原子力国際専攻の「原子力工学を学ぼうとする学生向けのメッセージ——福島第一原子力発電所事故後のビジョン」という文書だった。

世界は、人類が地球環境と調和しつつ平和で豊かな暮らしを続けるための現実的なエネルギー源として、原子力発電の利用拡大を進め始めていました。このような中で、東日本大震災および福島第一原子力発電所の事故が起こりました。我が国は、事故終息に向け最大限の力を発揮しなければなりません。また、全世界は日本が今回の大災害の経験・教訓を踏まえて世界の科学技術発展に貢献するのを注視しています。

世界は、我が国は、全世界は、という主語をランダムに背負う。新保信長『東大生はなぜ「一応、東大です」と言うのか？』（アスペクト）が示唆《しさ》していたのは、確かにこういった、曖昧《あいまい》で大きな主語の暴走そのものであった。私、を動かすために、どんな時でも「一応、東大です」と言って体を温めなければいけない。ご苦労様である。最高権威としての言語を守ろうとすると、このようにすさまじく抽象的な主語が連発される。わざとらしく問えば、世界とは一体誰なのだろう。全世界は世界とどのように異なるのだろうか。

安冨は「東大話法規則一覧」として20もの規則を挙げているが、先ほどの引用は「規則8　自分を傍観者と見なし、発言者を分類してレッテル貼《は》りし、実体化して属性を勝手に設定し、解説する」あたりだろうか、それとも「規則16　わけのわからない理屈を使って相手をケムに巻き、自分の主張を正当化する」だろうか。

全体に充満している態度は「規則11　相手の知識が自分より低いと見たら、なりふり構わず、自信満々で難しそうな概念を持ち出す」だろう。そのポジションが最高権威だと信じ込む人たちは、向かってくる相手を「エセ」や「B級」や「自称」としてレッテル貼りすることで自分たちのポジションを守ろうとする。原発事故後に政府や東電方面に蔓延った言葉は、情報の認知者の非認知者に対する優位性だった。情報を隠し通しながら、私たちしか知らないのだからと優位性を保とうとする陳腐さに、まさかのまさか、各メディアは従順だった。

東大話法規則一覧では、具体的なフレーズが二つ挙げられている。「規則9　『誤解を恐れずに言えば』と言って、嘘《うそ》をつく」「規則20　『もし○○であるとしたら、お詫《わ》びします』と言って、謝罪したフリで切り抜ける」だ。規則20など、高学歴の政治家の皆様が、確かにしょっちゅうお使いになられている話法である。「いま、議員からご指摘いただいたことが事実であるとするならば、お詫び申し上げます」、これは事実認定をされる前にお詫びだけ済ますというトリッキーな話法である。このクリームパンが腐っていたとしたらごめんなさい。この先の道がガケ崩れになっていたとしたらお詫び申し上げる他ございません。誠実さが一切合切欠けている。

「誤解を恐れずに言えば」は、さぁこれから強いことを言いますよという宣言にも使えるし、本来は誤解される言葉を使うような立場・場面ではないのだけれど、という事前の弁明にも使える。一個人、例えば私のようなライターが政権運営を語る時に「誤解を恐れずに言うと」とは前置きしない。誤解など恐れていてはこの職業は成り立たないからだ（と少なくとも私は思っている）。権威を撫《な》で回す人々は、自分たちにしか持ち得ない具体的なカードを持っていて、それを持たない人たちから何を言われようとも聞く耳を持たない傾向が強い。国会前で繰り広げられるデモを鼻で笑う人たちの論理だ。

思えば成城大学からは「誤解を恐れずに言えば」「もし○○であるとしたら、お詫びします」は聞こえてこなかった。「世界」や「我が国」を使う場所ではないという控えめな自意識もあったように思う。企業から「使いやすい」と評判を呼んでしまうのは、この控えめな自意識を、企業が経験値として把握していたからなのだろう。

「世界は」という主語を常用する世界に浸っていた学生に、会社名を名乗ることを求め直すのは、明らかに厄介だ。世界じゃなくて○○商事ねと、しばしの思想転向期間が必要で、戦力になるまで時間がかかる。今の就活市場で東大生や名門校の大学院生が嫌われがちなのはここに理由がある。

映画『標的の村』（三上智恵《みかみちえ》監督）が描いたのは、アメリカ軍「オスプレイ」の着陸帯を建設させられそうになっている沖縄県東村《ひがしそん》・高江の住民たち。かつてベトナム戦争の時には、住まいの近くに襲撃訓練用の村が作られており、高江の人々はあろうことか「ベトナム兵」役をやらされていた。オスプレイ反対を訴えるべく「住民の会」を組成し、座り込み活動を続けたところ、なんと逆に国から通行妨害で訴えられてしまう。債務者にはその場にいなかった小学生まで含まれていた。

圧倒的な強権を持つ者が、太刀打ちできるはずもない個人を恫喝・弾圧などの目的で訴える裁判をSLAPP裁判と呼ぶが、このSLAPP裁判に対応する法整備はこの日本ではまだ整っていない。太刀打ちできない言葉で急襲する東大話法的な裁判が展開される。高みに立つ自分たちの権利を維持・膨張させるためには、低いところで蠢《うごめ》く声を力尽くで抹消する。「規則11 相手の知識が自分より低いと見たら、なりふり構わず、自信満々で難しそうな概念を持ち出す」し、「規則12　自分の議論を『公平』だと無根拠に断言する」のだ。一般市民が即座にやり合うことができるはずはないと見込んで、法の公平性を理由付けにして裁判へ持ち込む。高い立場ならではの論法が日に日に育《はぐく》まれ、強者の言葉は立場を限定して発動される。

東大話法とは、どれほどそぐわないスケール感にブチ当たろうとも立場で押し切ろうとするブルドーザー的論法。話法がもたらす効能やそもそもの影響力について過信したまま突っ走る。そのシステム構造を信じ抜いてきた人たちにのみ響いているだけなのにもかかわらず、作用しない大部分を「世界」から除外して身内だけで共鳴する。

高飛車と低姿勢。成城大学のサイトに「平成25年度　学位記授与式学長式辞」の全文を見つけて、あまりの低姿勢にむしろ寂しさを覚えた。学生に三つのことを伝えたいという。

「第1は、学びに終わりはないということです。（中略）アメリカの自動車王ヘンリー・フォードは、『20歳だろうが80歳だろうが、とにかく学ぶことをやめてしまった者は老人である。学び続ける者は、みな若い。人生において一番大切なことは、頭を若く保つことだ。』と言っています。また、書家として、詩人として知られる相田みつをは『一生勉強、一生青春』という言葉を残しています」。やや松岡修造臭がするなど分析したところで、松岡が相田みつをを信奉していることを思い出した。「第2に申し上げたいことは、人生において、幸福感を得るためには、達成感が必要である。そして達成感を得るためには、目標を設定することが必要だということです。(中略)一人ひとりが、それぞれの価値観に従って、仕事の上での目標、家庭での目標、あるいは趣味やボランティア活動での目標など、自分の目標を設定しなければなりません。そして自分が設定した目標に向かって、全力を注ぐ。そのプロセスが人生に充実感をもたらすのではないでしょうか」。はい、としか言い様がない。「誤解を恐れず言えば」、大して中身がない。

「第3に申し上げたいことは、言い古された言葉、ことわざですが、『石の上にも三年』ということです。最近の学生諸君は、苦労して決めた就職先でも、いとも簡単にやめてしまうことがよくあります。一旦《いったん》決めた就職先、あるいはもっと一般的に言って、一旦決めた意思は、すぐに放り出すなということです」。端的に、つまらない。

このメッセージを堪能《たんのう》すると、成城大学が社会に順応する卒業生ばかりを輩出するという評判を得ている理由がなんとなしに見えてくる。東大話法の「規則2　自分の立場の都合のよいように相手の話を解釈する」や「規則5　どんなにいい加減でつじつまの合わないことでも自信満々で話す」とする傲慢《ごうまん》さが、先生にも学生にもない学校だった。学生は反論を述べず、教師はわざわざ対論を出さない。現状を追認するし、「世界」を名乗らずに世界を追走する。「誤解を恐れずに言えば」と、リスクを自己都合で摘んでおこうとするアクションなど存在しない。無難な存在、無難な論理、無難な話法が、リスクと接触しないまま育まれていく。

東大話法が、本質的な意味での〝世界〟を傷付けた後もなお開き直っている現状を知ると、無個性な成城大話法に新たな役割が回ってきているのではないかという期待感も持てるのだが、どうなのだろう。打ち出しておいて、ちっとも自信がない。根拠もない。「規則13　自分の立場に沿って、都合のよい話を集める」の対極、言うならば「相手の立場に沿って、都合のよい話を集める」成城大話法が体に染み付いているのだろうか。

唐突ながら登場するのは、アナキスト・大杉栄。みんなと同じ場で学ぶ、という類《たぐ》いの行動をこれほど煙たがった日本人もいないだろう。大杉は、ロシアの生物学者でアナキストのピョートル・クロポトキン『相互扶助論』を訳している。ダーウィンの進化論では種の間の競争こそが進化の要因であるとしたが、クロポトキンはこれを真っ向から否定した。生物界には強者のみが勝ち残っていく「生存競争」があるとされるが、よくよく観察してみよ、「相互扶助」の原則のほうが先立っているではないか。アリの団体生活を見よ、仲間の喪失を悼《いた》む鳥を見よ、と多くの実例を紹介していく。この手の動物的心性・相互扶助を人間様はすっかり失っているのではないか──大杉は、クロポトキンの理論はダーウィニズムの補充であるとしつつも、「動物界の相互扶助──生存競争についての一新説──」の中で、こんなことを書いてみせた。

われわれ自身の生活している人類社会の生活を反省したい。僕はさきに「この本能の発達にもっとも都合の悪い状態の下にある今日」と言った。けれどもこの今日の社会においても、われわれがわれわれ自身の生活に顧みて、相互闘争によって得るところよりも相互扶助によって得るところの遥《はる》かに多いことがすぐに分る。そしてなおわれわれは、いわゆる「生存競争のもっとも激烈なる今日の社会」のために、どれほど悩まされ苦しめられているか知れぬ。

関東大震災後の混乱のなかで殺された大杉の残した、示唆的なテキストのひとつだった。生温さを特性とした成城大話法が炸裂《さくれつ》した学長挨拶《あいさつ》。闘争よりも扶助、と大杉栄。温厚・従順な成城大話法は、とにかく闘争しなかった。ならば扶助はどうだろう。

生温さ、またの名を温厚、そんな成城大話法が相互扶助を獲得できれば、東大話法と拮抗《きっこう》することができるのだろうか。

3・11以降の言葉として「世界は」に拮抗するのは、絶対的に「扶助」の精神だ。自分自身を持ちなさいと言いながらも、他人様が規定した役務に素直に没頭できる思考法は、威丈高で硬直したままの東大話法よりも、人々の近くに歩み寄ることができる。素直で従順と人事部に人気の私たちが漲《みなぎ》らせるべき精神ここにあり、かもしれない。積極的な思想を持たずに人と人とのとっても素直な助け合いをこなす中堅大学の態度は、〝世界〟や〝我が国〟の論理体系を変えるきっかけを作れるかもしれない。ひとまずそう書いておきたくなる。亀のような動きをした就職課の方も喜んでくれるはず。就職セミナーに呼んでくれるに違いない。

安富は、リベラル論客が「知的レベル」や「一般社会」という言葉を使いながら、既存勢力を倒しにいこうとすることを、それもまた、高みから見下ろす言語だと警鐘を鳴らす。なぜ原発を論じるのかに「だって、ものすごく怖いじゃん」という愚直さを投じることを恥じてはいけない。高江のように、自分たちの土地に危害が加わりそうになった時、人はただただ純朴に、「出て行けー」と叫ぶ。「ふざけんなー」と繰り返す。叫んで叫んで、座り込む。

大杉は「相互闘争によって得るところよりも相互扶助によって得るところの遥かに多いことがすぐに分る」と言った。東大話法には、恐ろしいまでに「相互」のエッセンスが欠けている。私と世界が直結するのが「セカイ系」だが、こちらのセカイ系に、地球の危機はやって来ない。危機は話法によって忘却されるのだ。成城大話法は「誤解を恐れずに言えば」などとは言わないし、言えない。そんな言葉遣いを知らない。野心には乏しい。ならば、この素直さをどう起動させていくべきなのか。ちっとも明るい思い出を持たない場所であるけれど、あの有色風の、限りなく無色に近いブルーな環境は、生産的な立ち回りをどうやったら得られるのだろうか。だろうか、と仮定ばかりだが、従順で現実的な〝石の上にも三年〟成城大話法は、決して全世界を矢継ぎ早に規定したりしない。

ここまで語っておきながら、やっぱり紹介文には「大学卒業後、」としか書けない。コンプレックスは、理論立てたところで消えないのだけれど、「一応、東大です」と繰り返すよりマシだろうとも思う。

17

逆にこちらが励まされました

批評を遠ざける「仲良しこよし」

かつて24時間テレビの最後にこれ以上ないほどのデカい字で打ち出されていた「本当の主役は、あなたです」という押し売りは、視聴者という存在が、基本的にも応用的にも表面的にも構造的にも舐められてきた一つの証《あかし》になるのではないか。「基本的」→とにかく大きなメッセージに視聴者は頷いてくれるものだ。「応用的」→まさかあなたが主役だとは思わなかったでしょう。「表面的」→画面にドカンと提示されるインパクトに頷いてくれますよね。「構造的」→同じネタを使い回し続けても古びはしないキャッチコピーの神通力。この軽薄な押し売りが重ねられてきたのは、大変残念なことに、毎年のように「本当の主役は、あなたです」と言われて「いやいや、それほどでも」とまんざらでもない顔を晒《さら》している結果が、先方に届いてしまったからなのだろう。

オバ様がオバ様に何がしかの粗品を渡す際、決まりきったかのように「いつもお世話になっていますから」「何をおっしゃいますやら、お世話になっているのはむしろこちらのほうですわ」と応酬し、旅先で買った佃煮《つくだに》だか田舎から届いたトマトだかを押し付け合っている。お返しとしては正直割に合わないわねという腹の内はひとまず隠したままだ。視聴者からの「感動をありがとう」と制作側からの「本当の主役は、あなたです」の関係性はまさにこの玄関先でのやり取りと同質であって、決まりきったやり取りの最大膨張が24時間テレビの「本当の主役は、あなたです」のテロップだったのだ。主役があなたなのではない、本当の主役があなたなのだ。ひとまずの主役はあなたではない。主役は他にいるのだけれど、本当の主役は実はあなたなのです、とまわりくどいのが肝。「本当に好きなのはおまえなんだ」と、浮気の言い逃れを強引に済ませようとする言葉は、ビンタされる一秒前の男の言葉だが、24時間テレビのコレは、番組の最後の最後、終わる一分前に放たれる。こちらが知覚してすぐに番組は終わっていく。

突如として意味を反転させてくる言葉は、ひとまず人の心を摑《つか》む。心の仮押さえ。丁寧に寄り添う言葉を雑踏に追いやってしまう。細木数子の常套句《じょうとうく》「あなた地獄に堕《お》ちるわよ」は、単なる理不尽な発言として処理してしまって構わないはずだが、占いというジャンルが安定的に成り立つのは、「実は」「本当は」を使って逆のことを言う行為が、その都度鮮度を持って響いてしまうからなのだ。

占い師はやって来た客に向かって開口一番「あなた、本当は誰にも言えない大きな悩みを抱えていらっしゃるのでしょう」と問う。病みに病んだ訪問者はその場で「えっ、どうしてそんなことが分かるの？」と前のめり。冷静になろう。Yシャツを持ってクリーニング屋に行けば「クリーニングですね」と対応してくれる。これと同じ働きかけにすぎないではないか。そこに来た目的を尋ねただけだ。

自分が投じる言葉が座標軸のどこに位置する言葉なのかを把握していれば、現れた相手の欲する言葉をすぐさま投じることはたいして難しくない。占い師が「どうして分かるんですか？」の反応を欲するのは、その言葉を頂戴《ちょうだい》すれば、後はこちらでハンドリングできるから。説明書通りの一投で興味を惹《ひ》き付ける。惹き付けて、その都度行き先をほのめかせば、相談相手が望む目的地に辿《たど》り着くことができる。恋につながるチャンスが年末くらいにやってくるかも、という「ほのめかし三連発」は、この時点でパーセンテージとしては三〇％くらいに薄まっているのだが、当たれば「全《すべ》てお見通し」という理解に昇華する。そこからは慣れたもの。人生相談ならば「地獄に堕ちるわよ」「でも、あなたには助かる道がないことはない」「あなたが歩んでいく道には大きな障害物が登場するだろうから、私が片付けて差し上げましょう」と静かに諭す。この先の困難を培養して駆除する、詐欺《さぎ》めいた話者が見せる「基本のキ」である。

人の心情に入り込んでいくプロフェッショナルの言葉の用い方はいつだってテクニカルで、例えば東日本大震災後にはそのテクニックにどれだけデリケートさが兼ね備えられているかが問われた。そのさじ加減は難しく、その加減を精査されるのを避けるために「立ち上がろう！」「ひとつになろう！」といった、漠然としているがアツさが約束されている言葉が乱発された。その中で、心象を表す言葉として重宝されていたのが「逆にこちらが励まされました」という言葉だった。このふんわりとした定型文は幾多のイイ話のエンディングとして使われた。日本人が慣れ親しんだ「本当の主役は、あなたです」を震災用にリミックスした言葉のように思えて仕方がなかった。

このフレーズが印象的に響いたのは、握手会にやって来た客にのこぎりで襲われてもなお、その翌日に「大丈夫です、元気です」とカメラの前に立たされるアイドルグループのメンバーである総監督へのインタビュー。被災地へのライブを献身的に続ける姿を追ったカメラに対して放った言葉だった。家という家がごっそりと消え失《う》せてしまった海沿いの地に茫然《ぼうぜん》と立ち尽くすメンバーたち。海風を浴びながら遠い地平線を見つめるメンバーたち。トラックの荷台を簡易ステージに変えたキャラバンから見えた風景は、被災地で踏ん張る皆さんの笑顔だった。総監督は言う。「励ましに行こうと思ったら、逆にこちらが励まされました」、と。助けなければいけない皆さんがいる。それなのに、むしろその相手がこっちを気遣ってくださった。(これも頻出するが)「自分たちのことを受け入れてくれるかどうか最初は心配だった」けれど、そんな心配は杞憂《きゆう》に終わった。いつの間にか立ち位置が逆転して、逆にこちらが励まされました、と言う。

実は全く同じ流れがこのアイドルグループが得意とする総選挙の現場で起きていて、開票番組のスタジオに集った男性論客たちは、その数週間前に起きた握手会での事件の影響を心配していたが、元気な姿を見せてくれたことに「逆にこちらが励まされました」と言った。評論家とは生じた事象を冷静に、そして時として冷徹に分析して社会の解像度を上げる職業だ(と思っている)が、昨今、アイドルグループ周りとなると、作り上げられた物語に嬉々《きき》として身を投じてしまう評論家が多いのが物悲しい。評論家からアイドルへの「逆にこちらが励まされました」は、その象徴的発言と思えた。物語を付与するプロフェッショナルに騙《だま》されないでいることは、評論家としての最低限の態度だと思うが、むしろ、物語に同化していくことで意識を高め合っているかのようにも見える。

評論家の宇野常寛《つねひろ》は、連載「批評のブルーオーシャン」で、こののこぎり事件の後、「この件で、事実を脚色したバッシングに加担したことが明らかな書き手、記者、編集者は、どこかで機会を見つけて実名を挙げ、批判していきたいと考えている」などと、あたかも芸能事務所が共演NGリストを作るような働きかけを宣言している。物語に率先して足を突っ込み、物語の中に、自分がこのアイドルに対して果たした功績を浸し、逆にこの物語を守り、守られようとしている。

アイドルから被災地に放たれた「逆にこちらが励まされました」と、評論家からアイドルに放たれた「逆にこちらが励まされました」との相関は、あののこぎり事件に集約されている。少々派生させて考えてみたい。

まず、のこぎりでアイドルに襲いかかるのは異常に違いないが、襲われたアイドルがすぐに「もう大丈夫です」と〝言わされる〟のもまた、異常だと思わなければならなかった。そのどちらかに立つならば、そりゃあもちろんアイドル側だろうと鼻息を荒くするのではなくて、異常性の所在に冷静に気付くところからでないと、評論は始まらなかったはずだ。個人の痛みよりも、ここまで大きく育った組織の痛みを最低限に抑え込もうとする運営側は、個人が受けたショックや想《おも》いにフタをするように、

「助けてくれた男性に感謝しています」との声明を出してイイ物語化に勤《いそ》しんだ。こんな転換があるものかと、その手腕にうろたえた。

その運営方法が体に染《し》み入っている他のメンバーは、「ファンじゃない人が起こした今回のこと、ファンのみんなと一緒に築き上げてきたのに許せない」と同胞意識を方々から提出してみせた。アイドルが、ファンとファン以外を区分けして、今回はファン以外だから特に許せない、とする。これを素直に伝えてしまうのは、さすがに操縦主の手練に体を慣らしすぎてはいないだろうか。私たちを好きでいてくれるあなたたちは、あんなヤツと違う。あらゆる諍《いさか》いが勃発《ぼっぱつ》しやすい土壌を作り上げていく。結束力の強化には外敵の明確化が有効だ。敵を見つければ仲間と肩を組むことができる。

となれば、当の犯人が言ったとされる「誰でも良かった」は、残念ながら、あの組織の本質を正確に突いてしまってもいる。選挙制にすることで各々《おのおの》のライバル心を引っ張り出していく。しかしそれは、あらゆる立場を代替可能にするシステムを生む。このシステムさえ機能させれば、操縦側はいつだって「僕たちは君のことを大切に思っているのだけれど、こういう数字が出てしまっている」と、最後まで恨みが運営側に刺さらない循環で、ハンドルを握り続けることができる。「人気アイドルグループ」ではなくて、「誰が人気かを常に計測しているアイドルグループ」。これならば、常に誰かが人気なのだから、グループの人気は担保されやすい。人気になるのは「誰でも良い」のだ。誰かが人気でいてくれれば、それで組織は動いていく。

あのグループの商魂を皮肉る人たちからは、こんな事件が起こって運営する側は新しいネタが出来たとむしろ喜んでいるんじゃないか、という声がこぼれていた。読みが甘い。どんなことが起きようとも、後退ではなく前進に使うべし、それこそが彼女たちのためになるというアツい結束が喜んだり悲しんだりするよりも強固に先立ち、彼女たちにもまたそれに必死に応《こた》えていくコミュニケーション能力が備わっている。みんなで苦しんだり、みんなで笑ったり、みんなで泣いたりできる「前進」というフォーマット。国民的アイドルがこれまで駆け上がってきた階段、その前進する力がいくつもの奇跡的な物語を生み出してきた、らしい。

のこぎりで襲われた後、このグループを取り仕切る秋元康《やすし》は何と言ったか。事件に遭ったことでグループの未来に壁が立ちはだかったとし、「壁を乗り越えるでもなく、迂回《うかい》するでもなく、突き破って進んだのは、川栄、入山を始めとするメンバー自身だった。『夢をあきらめるわけにはいかない』。その信念から傷ついた彼女たちは立ち上がり、前に進んだ」である。傷付いた人を見つめる、という基本的な対人関係、少しばかりの人間味すら麻痺しているようである。結果として、襲われた一人である川栄は、二〇一五年三月、卒業を発表した。握手会に出られなくなったことへの葛藤《かっとう》があったという。秋元は「突き破って進んだ」と勝手に物語を前に進めたが、ちっともそんなことはなかったのである。

こういった麻痺に対して、近くで見定める人々は、さすがに「今回ばかりは、前進に使うのをお止《や》めになられたほうがいい」と忠告すべきだったのだろう。さっきから「だろう」という推測ばかりを使っているけれど、それはあのグループの知識や意味付けに対してアマチュアであるとわざわざ表明する意味も持つ。プロフェッショナルが揃うと、まず消えるのは「だろう」という言葉で、希望的観測であろうとも「だ」に変換され、それはたちまち結束力として前面に打ち出され始める。逆にこちらが励まされました、というメッセージを投じ合うのは馴《な》れ合いの証にもなるだろう。「もう大丈夫だ」「前を見ている」という断定が事件翌日から溢《あふ》れたことが、彼女たちの苦しみを長引かせたのではないか。

ひとまず、「だろう」に留めておかなければいけないことがある。このグループやその周辺がよく使う言葉を用いれば、「だろう」に留める「勇気」が欲しい。だって、握手をしに来た男が、突然、目の前でのこぎりを取り出して、自分に向かってその刃物を振りかざしてきたのだ。彼女たちがこうむったダメージはいかほどだっただろう。

「だろう」を、時間をかけてじっくりと泳がせるべきじゃないのか。「もう大丈夫だ」と、他人様の心までフライングゲットするこれらの面々には、当人、客、評論家のコミュニケーション能力の高さが招いた、とっても低く冷たい温度で包囲された加害が隠されているような気がしてならない。「逆に」と続けたくせに、逆さまのことを言うわけではない「逆にこちらが励まされました」は、言葉遣いとしてなかなかに巧妙な作りをしている。

「承認しない」と「反意」はイコールではない。反意がカッコ悪いとされ、なにかと承認か非承認かでジャッジを下そうとする文化の中で、筋力の弱い「逆に」が汎用《はんよう》性を高めてしまったのではないか。代替案を持たない強めの「逆」を、「単なる文句」と片付けてしまう浅ましき時代に、コミュニケーションツールとして「朗らかな反意」が投げられていく。青信号を見て、んまぁ、実際には緑色だけどね、と茶々を入れて渡るかのような。反意の雰囲気を持つくせに、もはや同意に向かうことを前提として使われている言語。「逆にこちらが励まされました」の「逆に」は、「承認・理解」を前提とした逆説なのである。

堀井憲一郎『やさしさをまとった殲滅《せんめつ》の時代』(講談社現代新書)に、今という時代は「私がわかる」ということがポイントになっていて、例えば『王様のブランチ』の書籍コーナーで「私にも書いてあることが全部わかりました！　とてもおもしろかったです！」と女性レポーターが頻繁に言うことに着目して「〝全部意味がわかる〟と〝おもしろい〟という方向性が、訂正されることなく是認されている」と書く。受け入れるものの基準が、自分が受け入れられるもの、と規定されている滑稽《こっけい》さが、そのポップさを前にどこまでも放任されてしまうことであらゆる文化の範囲が狭まっていく。

堀井は同書で、とりわけ「若い男性の世間が消えた」と嘆く。細分化が細分化を呼び、そのそれぞれが誰かにとっての自分好みとなることで、カルチャーが連動してシーンを作れなくなった。「逆にこちらが励まされました」とアイドルに投げてしまう評論家勢は、内部から提供される物語に同調することに頭を柔らかくさせすぎている。差し出してくる側の都合で切り取られたものをおいしく召し上がりすぎではないか。「僕だけには、君たちから出されている物語の意味が全て分かります」と喧伝《けんでん》すれば、内部からは重宝される。これは批評とは最も距離のある行為である。商魂ある運営側は、批評家を積極的に取り込んで「批評する人がこれだけ褒めているのだから」という泳がせ方を新たに取得する。

被災地の人々を励ましに行き「逆にこちらが励まされました」と言うアイドル、痛め付けられたアイドルを励まそうと思ったら「逆にこちらが励まされました」と言う評論家、この群がりの中で生産と消費を繰り返す行為は、ビジネスとしては最適だが、批評の役割としては最も貧相に思える。しかしながら、文学作品を前にして「私にも全部わかりました」と著者に向かって嬉々と賛同を投げてしまえる現在において、この群がりは肥大化していく。恋愛禁止のグループに所属するメンバーが恋人を作っただけで丸坊主《ぼうず》に〝させられた〟後、宇野は「何かあるたびに構造や背景の分析もなしに『きっと不気味な／ダメな／悪《あ》しきものがある』というイメージを煽《あお》って『わからないけど叩《たた》いていいもの』にカテゴライズする知性は本当に醜悪だと思う」と書いた。

　こういう時にこそ正しく「逆に」という言葉を使いたい。何かある度に構造や背景の分析もなしに、「僕たちの物語の中で起きたことなのだから、分かり合える僕たちがジャッジをするべきなのだ」としてスタートを切る知性こそ、逆に醜悪だと私は思う。

　ちっとも難しい話ではない。叩くべきものは叩かなければいけない。それだけではないか。

　ある集団に付着する情報を整理できるのは当然、付着を管理する側だし、発信力が強まれば強まるほど、その集団の構造や背景から物語を仕立てることができる。現在のメディアの問題点は、編まれたイイ物語を精査する時に、当事者を信じすぎるきらいがあること。対象への近さが批評の深度につながってくると信じている人も多い。批評は、仲良しこよしではない。独りを恐れない、相互フォローなんてしない時代に盛んに躍動していたもの。これでいいのか。逆にこちらが励まされている場合ではないと思う。

18

そうは言っても男は

国全体がブラック企業化する

このところ、政治の中枢《ちゅうすう》からしきりに叫ばれるようになった、二〇二〇年までに女性管理職を三〇%程度にするという数値目標。意地悪に意図を訳せば、〝男の都合をわきまえられる女を三〇%くらいにしておかないと〟という青写真が中枢の頭の中にまだまだ用意されている。私は男の文脈の中で女として生き抜いていくんです、という開き直りを成り上がりに改めていく「自民党女子」の攻勢は男たちに歓待され、政府の要請にあるように輝こうとするでもなく、ただただしっかりと生き抜こうと当たり前の模索をする女性たちを苦しめていく。男の文脈の中でしか女が登場し得ないという具体例、例えば「女性手帳」の導入を女性の少子化担当相に仕切らせた姿などは、その手のサンプルと言えよう。

無理やり積み重ねて三〇%という数値へ向かおうとすると、「こんなにガンバっている女性もいるのにアナタときたら……」という理不尽な言い掛かりを捌《さば》くことに時間を費やされる同性たちが生じてしまう。男の子なんだから、と言われるのはせいぜい小学校までだが、女の子なんだから、というのは、それこそ小池百合子くらいになろうともテキパキ使われる。「女の子なんだから」に満面の笑みで返すなどしてあしらうようにならないと、権限を与えられない。小泉チルドレンや小沢ガールズの小粒が押し並べて縮こまり、代わり映えしない面々が女性閣僚として鎮座していることからもそのことが分かる。「女性の目線で」と担《かつ》ぎ出されて当選しても、たちまち「女の子なんだから」に頷《うなず》かなければいけない。男に続けさせてもらう、を飲み込めなければ「ガールズ」は再登用の機会を与えられない。

政治体制が改まる度、人気取りのために女性への配慮が打ち出される。二〇一五年二月一二日の安倍首相の施政方針演説は「私は、女性の力を、強く信じます。（中略）全ての女性が、その生き方に自信と誇りを持ち、輝くことができる社会を創《つく》り上げてまいります」と訴えた。しかし物事が動き始めると「それも重要な課題であるが、こちらはもっと重要です」と、「キリンさんが好きです、でもゾウさんのほうがもっと好きです」の松本引越センターのＣＭよろしく、主張に優先順序を付け、カビの生えた女性観に新たなカビをコーティングしていく。性差の議題は、こうして度々リセットボタンを押されてしまう。喫緊の課題ではない、けれどいつだって解決しなければならない問題ではある。だからスローガンだけは頻繁に、そして明確に提示されるのだ。

性差はなかなか解消されないのではなくて、ただただ性差を譲りたくない男がその都度リセットボタンを押してきた積み重ねなのかもしれないと勘付かせてくれた首長が橋下徹だった。

沖縄の海兵隊、普天間に行った時に、司令官の方に、もっと風俗業を活用してほしいと言ったんですよ。（中略）性的なエネルギーを合法的に解消できる場所というのが日本にはあるんですから、もっと真正面からそういうところを活用してもらわないと、海兵隊の猛者《もさ》みたいな性的エネルギーをコントロールできないじゃないですか。建て前じゃなくてそういうところをもっと活用してくださいよと、言ったんです。

（二〇一三年五月一三日、退庁時のぶらさがり取材）

この発言後、彼に対して向かう論旨を新聞各紙もろもろ並べて読んでみたのだが、中でも森岡正博の指摘に大いに納得させられた（『毎日新聞』二〇一三年五月一六日夕刊）。橋下発言を「男もバカにしている」と題し、「女性観というより男性観が貧困。米軍の男性兵士でも結婚し子供がいて風俗の利用を拒否する人もいるだろうし、過酷な訓練をしても性欲が増さない草食系もいるかもしれない」と解説している。無難な指摘ではある。しかし、橋下の発言自体にはもちろんのこと、受け取る側にもこの当たり前の指摘をする者はいなかった。女性識者からの真っ当な反意が並び、女性団体や女性の国会議員からの抗議が連なる様が軒並み報じられたが、男性から男性に対して冷静に提出された、ほぼ唯一《ゆいいつ》の真っ当な反意だった。

橋下の男性観、「男性＝性欲＝女が必要」という無謀な数式は「そんな本音は言っちゃいけないよ」と受け止められた。米兵による婦女暴行事件の予防のために「溜《た》まった性欲を解放する必要がある」ことを本音ベースでは承認していた。諸問題に対して「ぶっちゃけ」な態度を愛用する彼は、こうして「言いたいことも言えないこんな世の中じゃポイズン」と、反町隆史ばりに自分が得意とする「ぶっちゃけ」をここでも発散させていくのだった。

性欲を考える時、「性」と「欲」を分離して考えるべきなのだ。性にはあらゆる種類があるのと同様に、欲にもあらゆる種類がある。段階がある、としたほうが正しいだろうか。軍隊やアメリカといった主語を外して考えてみる。性欲を解消する時に、相手が生身の人間でなければならない理由などあるのか。つまり、自慰行為ではいけないのか。もしくは、溜め込んだまま、ではいけないのか。

男はバカ正直に真っ正面から性を解消しないと性がコントロールできなくなる、という見解は、森岡の指摘そのままに「男をバカにしている」。マスターベーションで済ます人もいれば、何もしないでも大丈夫な人もいる。一途《いちず》に誰かと過ごす人がいれば、自由で奔放な恋愛を建設的に繰り返す人もいる。「性処理」なんて言葉が汎用性を持っているのが悪いのか。ならば「性熟成」や「性回避」なんて言葉があってもいい。処理しなくても性と向き合えてしまう選択肢を男性側に用意するべきだ。その選択肢は、軍隊だろうが、サラリーマンだろうが、学生だろうが、等しく用意されなければいけない。

「風俗利用」報道を巡って、彼は、発言の一部分だけしか伝えないメディアの姿勢を毎度のごとく叩き続けていた。当日の取材全文を読み返しても、報道側が都合良く継《つ》ぎ接《は》ぎしたことは見えてくるものの、それによって橋下の発言自体が曲解されたとは到底思えない。「本当はそんなつもりで言ったわけではないけど、メディア側がそういうふうに持ち込んだ」と、自分が傷付かない言い訳は彼の口から何度も繰り返されてきたし、彼のこの手法を、他の政治家も頻繁に真似《まね》するようになった。大雑把なメディア批判が好きな人たちと「メディア不信」の一点で相思相愛を築いてきた橋下、どの議題であろうと「ったく、メディアが」を持ち出せば優勢を保てるというやり口がさすがに通用しなくなった現在は、この風俗活用発言あたりに端を発している。

　彼の断定の具合って、中学の頃『ホットドッグ・プレス』で読んだ「ボディタッチしてくるオンナはヤリたいサイン」「上目遣いで話しかけてきたなら今夜はＯＫ」的な記事と同質。橋下発言に対しては、女性議員が党を超えて集い記者会見を開いたが、なぜ男性議員は集わなかったのか。浅はかな男性観に対してなぜ男性が意見しないのか。僕らは「溜まった性欲を出さないとどうにかなっちゃう」性別と言われたのだ。違いますけど、と答えておかなければならなかったはずだ。

「そうは言っても男は」は、あちらこちらから安定供給される。変化があるとすれば、これまでその多くは、会員制クラブのように男にだけ流れてくるものが多かったが、ようやく可視化、つまりバレるようになった。「（女性を）強姦《ごうかん》する体力がないのは男として恥ずべき」と愚かすぎる発言を残したのは文化庁長官だった時の三浦朱門（妻は曽野綾子）だが、こういう会員制クラブ的な妄言を外に引っ張り出す力を世論が持ってきたことは歓迎すべきだろう。

とはいえ、男女間の私的なつながりに公的な見解がわざわざおせっかいを向けると、漏れなく頓珍漢《とんちんかん》が溢れるのは変わらない。その下支えとなってしまうのが「そうは言っても男は」だ。

二〇一三年末、自民党議員で組織される「婚活・街コン推進議連」が、国を挙げて婚活中の男女に出会いの場を作って差し上げましょうという施策を提言、これもまた要らぬ世話焼きだと批判を浴びた。この議連の会長・小池百合子は街コンの意義を「少子化対策と地域活性化という二つの国家的課題をいっぺんに片付けてしまう」と高らかに宣言し、「片付ける」というデリカシーに欠けるフレーズに本音を託した。

これにはさすがに続報が出ており、当初「少子化危機突破基金」という名称で、五年で五〇〇億円の予算を要求していたものの、財務省は「税金の使い方として説明がつかない」と真っ当な返答をし、一年分で三〇億円の予算しか認めなかったという。街コンの提言については受け入れられず、補助の対象から外されてしまった。「税金の使い方として説明がつかない」とはこの上なく正確である。彼らが謳《うた》う「少子化危機突破」という響きに対して、「もちろんそうだけども」とひとまず頷きつつも、個々のケースで様々な葛藤を抱えている当事者からしてみれば、少なからず「余計なお世話」と小声を発しておきたくもなるだろう。

少子化危機突破タスクフォース第一回の冒頭挨拶で、特定秘密保護法ですっかり注目を浴びた森まさこ少子化相は、こんなことを言った。

「子育てというのは、夢もあり希望もあり、子どもから元気をいただく本当に崇高なことだと思っている。国民の皆様にそのことをもう一度御認識いただき、この少子化の国家的危機意識を共有していただくことを目標に皆で頑張ってまいりたい。アベノミクスでベビノミクスを巻き起こそうと思っているので、よろしくお願いしたい」

この見事なまでの「余計なお世話」感。

女はいくつもの「余計なお世話」を浴び、男は「そうは言っても男は」で保護される。ジャーナリストの竹信三恵子は『家事労働ハラスメント』（岩波新書）の中で、「女性の活躍」を打ち出す現政権の施策について、「一見、女性の経済参加による新しい豊かさを目指すように見えて、これらの政策は、むしろ逆行の連続となりかねない様相を帯びている」と手厳しい。「女性手帳」、そして（夫婦のいずれかではなく）母親の育休を前提とした「3年間抱っこし放題」など、いずれも旧来から流れる女性の役割を従順に担《にな》ってもらうことが少子化に歯止めをかける、と妄信している人たち。なぜそんな愚策を信じさせようとするのか。信じさせなければ男がいよいよ動かなくてはならなくなるから、「この道しかない」のである。「3年間抱っこし放題」という言葉遣いには、「そうは言っても男は」家の中にいてはいけない、男は仕事も女もハンターたれ、という心の底が見える。赤面するほどダサい。イクメンを休日の趣味程度に抑えておく相変わらずの風潮は、「そうは言っても男は」をこれからも維持したいからなのだ。

心の底を封じ込めるために、蓋《ふた》となる言葉がある。竹信は『現代思想』（二〇一三年九月号、特集「婚活のリアル」）での大内裕和《ひろかず》との対談の中で、こんなエピソードを明かす。男女共同参画会議の専門調査会の委員を務めていた際、家事労働について「無償労働」という言葉を用いて説明したところ、自民党の議員から「家事は愛の行為であって、労働ではないからこの言葉は使うな」と干涸《ひから》びた苦情が飛んできたという。「二〇二〇年までに指導的地位に女性が占める割合を三〇％程度に」という目標値が、女性の働きにくさをほどこうとする政策ではないのではと疑わしくなるのは、こうして「愛」とやらで蓋をする人たちがいかにも真顔で旧来の男女観を維持し続けてくるからである。

世界経済フォーラムが二〇〇六年から始めた「世界男女格差報告」の最新回（二〇

一四年版）で、日本は世界一四二カ国のうち一〇四位という極めて情けない順位を叩き出している。「政治」「経済」「教育」「健康」の四つの分野に区分されており、日本は「健康」については健闘しているものの、「政治への関与」「経済活動への参加と機会」「教育」と、国の流れを決める場面にちっとも女性を参加させてこなかった事実が浮き彫りになる数値が現れている。

その一回前の数値を使った議論だが、朝日新聞のキッズ欄「ニュースのおさらい」（「be」二〇一三年一二月七日）がこの調査を取り上げており、置かれた現状を厳しくこう説明する。子ども向けに易しく説明されているが、易しいだけに指摘は辛く、そして正しい。

「日本はなぜ男女の差が大きいのか？『男性は外で働き、女性は家庭を守る』という根強い考えが背景にあるとみられる。（中略）働く女性のうち、出産で六割の人が仕事を辞める状況は、二〇年以上前から変わっていない」

右往左往するが、今度は読売新聞の記事だ。「編集手帳」（二〇一三年一一月一九日）にこんな噴飯ものの短文を見つけてしまう。厚生労働省が男性へのセクハラにも対策を強化するとの意向を示したことに反応して、こう書いた。

「『男ならしっかりしろ』『男のくせに』などと発言することもセクハラにあたると、

指針で明示するらしい（中略）これからは口の利《き》き方にせいぜい気をつけるよう肝に銘じつつ、『いやはや窮屈なご時世だな』というのが正直なところである（中略）『男なら…』のひと言で傷つき傷つける間柄って、それ以前にすでに人間関係がほころびているような気がしますけどねえ」

実に鈍い見識。セクハラは受けた側の認識に寄り添うべきで、「オレはセクハラとは思わない」は戯言《ざれごと》でしかないということくらいさすがに認識してほしいものだが、こういう認識が一〇四位という低順位をますます谷底へと引きずり込んでいく。とにかく彼らは「そうは言っても男は」を守り抜きたいらしい。どこまでもうざったい流れである。

「世界男女格差報告」で上位に位置するスウェーデンでは、公開される映画が男女平等に配慮しているかどうかを示す「A指定」が導入され始めているという。その条件とは「役名のある女性が二名以上登場すること、そして二人の会話の内容が『オトコ以外の話題』に及ぶこと」だという（『クーリエ・ジャポン』二〇一四年一月号）。『ロード・オブ・ザ・リング』三部作、『ハリー・ポッター』の一作を除く全作がNGと聞けばやりすぎのような気もするが、男女同権を徹底させる難しさを、形だけの「女性管理職三〇％」は少なからず参照するべきだろう。定期的に「戦争×戦う男×待つ女」映画を提供しては国民の涙をむしり取るアイデンティティなんてのは、即座に見直したい。永遠にゼロにしたいところ。

先の「家事は愛の行為」発言が示すように「そうは言っても男は」は家族観の形成に直接作用し続ける。嫡出子《ちゃくしゅつし》裁判の話をしておきたい。最高裁判断で、結婚していない男女間に生まれた「婚外子」の遺産相続を「嫡出子（婚内子）」の二分の一とする現行の民法規定は違憲だとする判断が出たのは二〇一三年のこと。その判決の論旨は、「子にとって自ら選択ないし修正する余地のない事柄を理由としてその子に不利益を及ぼすことは許されず、子を個人として尊重し、その権利を保障するべきである」（『週刊金曜日』二〇一三年九月一三日号）だった。子どもは産まれる親の選択も修正もできない。誰から産まれるか、これほど変えようのない初期設定もない。そこに堂々と差別を設けてきたのである。

「婚外子」という言葉をほどいて説明しておく。この婚外子違憲判決について暴力的な議論を吹っかける議員はたちまち「不倫を助長する」「お妾《めかけ》さんの子どもが同様の権利でいいのか」と憤《いきどお》り、無理解なまま、強制的に世論を同調させようと試みる。婚外子には、婚姻関係を持つ男性が妻以外の女性と子どもを作った場合、そして子どもは出来たが婚姻関係を結ばずに単身（シングルマザー）で育てる場合、そして近年増加傾向にある事実婚のケースが該当する。裸足に革靴の俳優がゴルフ場で言ってのけた「不倫は文化」に賛同する気もないが、産まれてくる子ども及びその親のあり方が、より多様になってきていることは事実。その時代に、子どもの初期設定として「正しい」と「正しくない」を堂々と規定しているのは時代遅れも甚だしい。

この差別の痛みを背負うのは個々人である。しかもその個人とは、親ではなく、子である。「不倫の子が、介護も手伝わず医療費も出さずに親が亡《な》くなったら金だけもらいやがって」というお決まりの下劣な突っ込みは、「不倫の子」の箇所を「長男」でも「次女」としてもひとまず代替可能であることに気付くべきだし、そもそも上記の裁判を争った抗告人は「病床の祖母の食事、排泄《はいせつ》、病院への送迎などの介護全般をしたのも、父の入院時の世話をしたのもこちらです」（前出）と述べていた。「金だけもらいやがる誰か」もいるかもしれない、「それなりに付き合い、助け合うときは助け合う誰か」もいるかもしれない、「親の介護に熱心な誰か」もいるかもしれない。この時に、後ろ二つの選択肢を捨てて、前者のみと決め込んで制裁するつもりでいた現行法は、どう考えても非人道的だ。

この判決を受けて民法改正へ動く中、ストップをかけようとしたのが「そうは言っても男は」を維持する自民党の法務部会だった。「婚外子への格差をなくせば、法律で認める結婚制度が軽視されかねない、と指摘。事実婚などが増え、伝統的な『夫婦』や『家族』が崩壊する、との懸念《けねん》を示し」たという（『朝日新聞』二〇一三年一〇月二四日）。国民の個々人に生じている格差を、国を挙げてキープすべきだ、と主張してみせた。国連の「子どもの権利委員会」等から国際規約違反と勧告を受けてきたこの規定、その差別をキープして、ガードしたいのは「そうは言っても男は」の伝統なのだ。自民党女子・高市早苗はこの違憲判決に「ものすごく悔しい」と発言している。こういう井戸端会議的な感情の放りっぱなしが、政治の中枢で堂々と起きていることが「ものすごく悔しい」。

この改正が議論されている時分に『新報道2001』に出演した自民党の西田昌司《にしだしょうじ》は「ちゃんとした家庭で、ちゃんとした子どもを作ることによって、ちゃんとした日本人が出来てですね、国力も増えるんですよ」と放言したし、同番組で、作家の竹田《たけだ》恒泰《つねやす》は「平等っていうのは、あくまでも原則なんですね。原則があるってことは例外があるんですよね。じゃあどういう時に例外を作っていいかというと、合理的な理由に基づいて区別もしくは差別というかはともかくにして、合理的な理由があれば原則はなくしていい」と西田と二人でニヤつきながら畳みかけた。その後、西田は「人間っていうのはただ単にオスとメスで出来ているんじゃないんですよ。家族がいるわけですよ。家族というのはね、普通はね、親がいて、上を見て、周りの兄弟もいて……」と理想の家族観を補足した。

婚外子を煙たがらせる空気を醸成し直すこの手の思考は、生活保護バッシング、産休育休バッシング、シングルマザーバッシングと、同じ構造をあちこちに転用しようとする。渋谷区が同性カップルに対して結婚に相当する関係と認める証明書を発行する条例案の提出を決めると、ここでも保守派の議員は「伝統的な家族」が壊れると言ってのけた。竹田の言う「原則外し」はこの手に転用されて使われるし、それは橋下が持ち出す「極論だけど正論風」にも乱用される。ある特定の個人が世論の砲撃を背負うことで成り立つ手法。引き受けるのは、西田の口を真似れば「ちゃんとしていない人たち」だ。政治は弱者を救済するためにあるのではないか、などという正論を語り合うテーブルには、もはやいらっしゃらない。

西田はインターネットTV「チャンネル桜」でのメッセージで、この婚外子裁判の話題の延長で、家族の多様化は占領軍が作った現憲法が招いたのだ、教育勅語の価値観を否定している現憲法が悪いのだとし、憲法改正の持論へと持ち込んだ。「ちゃんとした家庭」だけで「国力増強」を目指す人に向かって、足を止めてもらう論理的な言葉をやはり用意できそうにない。

なので、感情的に攻めてみよう。

なぜ、ただでさえ生きにくい人たちの背中を国力増強のために蹴《け》り飛ばせるのか。なぜ、一人ひとりの人間に対して優しくなれないのか。私の家は、親が離婚もせず、兄弟もいる、西田の規定する「ちゃんとした」家庭だ。「ちゃんとした」親の元を出て、「ちゃんとした」婚姻もしている。そんな「ちゃんとした」私の周りには事実婚を選んだ親しい知人がいる。先日ある取材で出会った男性は、若くして自分の母親が愛人の元へ家出してしまった経験を持っていた。みんな違う、んで、だから何なんだよ、と当たり前に思う。こういう感情をぶちまけるのは、もはや法律の良し悪しではなく、平然と人間査定を執り行なってしまっているからである。一昔前に流行《はや》った芸人のようだが、そんなの関係ねぇ、はずだ。

小学校で二〇一八年度から教科化する「道徳」や、大学入試の総合評価の場面では、「人物評価」という言葉が盛んに使われている。「使える人間」「使えない人間」、「ちゃんとした人間」「ちゃんとしていない人間」、こうして国全体がブラック企業化していく。人間そのものに、短絡的に○か×かを付ける。ならばと、自分が生き残るために、誰かの淘汰《とうた》を歓迎する。現政権が躍起になって残そうとした婚外子差別には、「そうは言っても家族は」「そうは言っても男は」から始まり、どうしても守りたい「伝統」とやらに行き着く陳腐と横暴がベットリ滲《にじ》み出る。

「保守」というのは保って守ると書くわけだが、保つためにフォーマットを決め、それをどこまで守り抜くかを美徳とする。男や家族という単位は、保守が保守らしさを発揮できるスタンダード案件だが、その男や家族という単位はもはや崩れてきている。でも、保って守ろうとする人たちは、崩れていくのではなく、崩す人たちがいる、と考える。女性に「輝く」、家族に「ちゃんとした」という言葉を投じて守ろうとしたことは、その何よりの証左だろう。男&大黒柱はまだまだ動かない。

性差や家族の問題について、レギュラー勢はイレギュラー勢の存在自体を嫌がる。こちらは「イレギュラーの声も聞け」と凄《すご》んでいるのではなくて、あなたたちのレギュラー感こそイレギュラーであると訴えたいのであって、このあたりが少しも届かないものだから議論を起こしにくい。言葉遊びのようになってしまうが、この言葉遊びに向かっていかないと、彼らはずっと、「ちゃんとしている」と「ちゃんとしていない」を分け続け、ちゃんとしてからでないと物は言えないよ、と自信満々のループに誘い込んでくる。そして、「ちゃんと」と「男は」は親和性を持ち続けて、男の中に所属する女が颯爽《さっそう》と女を取り仕切り始め、「そうは言っても男は」を認めながら、女の身動きを管理しようとする。管理した上で、今の政治のように、形だけはほぐそうとしてくる。

でも、それ、ほぐせないんだ。だって、「そうは言っても男は」がほぐせない理由なのだから。その堂々巡りが「今こそ、女性政策」を毎度キーワード化させていく。「ケアしなきゃ、女を」という男の声だけが、実績を残す。女と家族を巡る、男主導のずる賢い仕組みがハムスターの回し車のようにカタカタ音を立てて回っている。男はそれを眺めて今日も満足げだ。

19

もうユニクロで構わない

ファッションを彩《いろど》らない言葉

アマゾンの奥地に暮らす四〇〇人足らずの部族・ピダハンは、実在するどの言語とも類縁関係にない独自の言語を持ち、その部族内だけで伝承し続けてきた。彼らの言語には、数値、色彩、方向という概念が用意されていない。つまり、「五時すぎ、赤い夕日が、西の空へ沈んでいく」というスタンダードな状況説明すら難しい。

辛うじて認められる表現は大まかに三つしかない。「情報を求めるもの（質問）」と「新しい情報を明言するもの（宣言）」、そして「命令」。相手に建設的に気持ちを伝えるための「『ありがとう』や『ごめんなさい』に相当する言葉はない」のだという（ダニエル・L・エヴェレット『ピダハン　「言語本能」を超える文化と世界観』みすず書房）。「言語＝コミュニケーション」という式に疑義を呈する人は少ないだろうが、ピダハンは「言語」と「コミュニケーション」を淡々と断ち切っている。「質問」と「宣言」と「命令」とはあたかもＳＭの女王様のようであるが、あの世界で特異な言語が強固に成り立つのは、言わずもがな、全《すべ》ての働きかけに頷くブリーフ一丁の中年がそこでお尻《しり》を突き出しているからである。何もかも承諾するブリーフ中年が教えてくれるのは、一方的な言語とは、役割が明確に分担されることを条件に機能していくものだということ。

しかし、ピダハンの言葉は、誰かの「承諾」には基づかない。問うが、答えない。宣言するが、聞き入れられない。命令するが、承認したかは定かでない。このように社会や人間同士の関係を成立させるための「交感的言語使用」が根本から欠けている中で、いかにして人は人らしい生活を保とうとするのか。尊厳を認めようとするのか。今しがた「欠けている」と書いたけれど、ピダハンの面々からしてみれば、その交感なんぞ元から用意されていないものであるから、彼らが不足感を覚えているわけではない。そもそも「心配する」に対応する言葉もない。著者はピダハンを指して、これまで出会った中で最も幸せそうな人々だと書く。

交感的言語を持たない人たちが、これまでで一番幸せそうである、という指摘に、言語による交感に交感を重ねることで精神的な平穏をなんとか保ってきた私たちは動揺を隠せない。アイデンティティが根から引っこ抜かれてしまう。人と人が相対した時から、形はどうあろうと、たとえ黒いムチと白いブリーフ一丁であろうとも、言語を通して交感が生まれる。でも、そんなものは、用意されてさえいなければ、ストレスなんて抱え込むはずもなく、押し並べて幸せを手に入れられる、と。

言葉による交感を持たないピダハンには、疾病《しっぺい》との闘いや食料調達の難義が生じるが、質問・宣言・命令で言語を行き渡らせていく以上、人間同士の関係性に齟齬《そご》は生じない。つまり、恐怖や怒りを誘発し続ける齟齬は、言語コミュニケーションを十二分に持っている者にしか生じない。「ボタンの掛け違い」という慣用句は、そもそもボタンを掛ける必要などない人たちには慣用句としても通じないのだ。

いわゆる人の悩みとは、「最近彼と話していても、本当に彼が私のことを好きでいてくれているか心配なの」や「ひとまず口ではああやって言ってくれているけれど本心なのかな」と疑い、疑われることに端を発する。言葉を交わせば交わすほど、時として不安が膨張していく。

これを書いているドトールコーヒーでは、六〇代とおぼしき女性二名がそれぞれの息子の嫁の悪口を言い始めた。

「もうちょっと長男のお嫁さんらしくしてくださるかしら、だなんて、そんなことを私に言わせたらダメなのよね。あっちから、これからは気を付けますね、って言ってくるくらいじゃないと」

「ほんとそうよ。うちはうちで、ほら、年末でしょう、おととい、電話を寄越してきたんだけど、正月のいつにこちらに来ようと思っているかなんて、やっぱし、あっちから切り出してほしいわけよ」

耳に入り込んでくる会話をそのまま書き起こしたから大して象徴的でもないのだが、このようにして人は人と話せば話すほど、不安や不満が膨張していく。

ピダハンは、不安を知らない。不安を知らないとはいかなる状態なのだろうか。冷蔵庫の奥にしまっていたはずのシュークリームを今ごろ妹が食べてしまってはいないだろうか、に始まり、イラクは大量破壊兵器を持っているのではないか、まで、どこまでも拡大していく不安を、彼らは一切持たない。

ピダハンの言語感覚に基づけば、当然、神はいない。なぜって、過去はなく未来もないのだから当然だ。「山本くんの妹がシュークリームを食べてしまったと田中さんが言っていたと、佐藤さんが言っていたよ」というような、言語の再帰性もない。これまで仕立ててきた通説をなぎ倒すかのようなピダハンの言語感覚に著者は愕然《がくぜん》とさせられたそうだが、小さな部族が生きながらえるために、限られた言葉の生命力をどのように維持してきたというのだろう。

攻勢だけを持っている彼らの言葉。ある男の妻が亡くなった時のピダハンの言葉だ。登場人物名など何が何だか分からないだろうけれど、テンションだけでも共有してほしい。

オイイがそこで話した。アオギーオソは死んだ。
そう、彼は呼ばれた。
わたしがオイイを呼んだ。たったひとりの者。
わたしはそこでオイイに言った。アオギーオソは死んだ。アオギーオソは。
オイイは浮橋の彼女を見に行かなかった。
アオギーオソはほんとうに死んだ。

大切な人が亡くなっているが、感情がどこにも入り込んでいない。つまるところ、人が死しているが、悲しみは滲んでこない。連鎖するのは宣言だ。言うならば「！」が連呼される状態。死に打ちひしがれる、やがて受け入れるといった繊細な感情は介在してこない。

伝道師でもあった著者は若い頃ふしだらな生活をしていたが、継母が自殺したことをきっかけに神（に該当する言葉はないので「上の高い父」とピダハンには伝える）に目覚め、神の言葉に支えられて人生が改まったと伝えると、ピダハンはどんな反応を見せたか。

ピダハンは一斉に爆笑したのだ。

「その男（上の高い父・引用者注）を見たことも聞いたこともないのなら、どうしてそいつの言葉をもってるんだ？」

彼はこの地で布教に励むことは難しいと気付く。なぜなら福音は、迷わせなければ始まらないからだ。交感の言語を持たないピダハンは、喜ぶし、憤るが、迷わない。迷いは言語で交感するからこそ生じる。悩みを相談するからこそ悩むのだ。

個々人がコミュニケーションとやらを考える時、真っ先に友人や恋人や親など、いわゆる「大切な人」を頭によぎらせる。一方で、広告や口コミとして投じられてくる言語はいくらでも流れてくるけれど、そのコミュニケーションの申し出に対しては、こちらが受け入れさえしなければ交感が成り立たないと信じている。絶対的に選択権はこちらにあるんだ、と。

言語による交感を自分で管理することで、大切なコミュニケーションと無用なコミュニケーションを自動的に仕分ける力を強めていく。広告を打ち込む人たちはその力を弛緩《しかん》させて、あたかも貴方《あなた》だけに大切であるかのような粧《よそお》いで、あたかも戸別訪問だと思わせるようなキャッチコピーで、口説き落とそうとする。アポなしで訪問してきたくせに「今でしょ!」と急《せ》かし、とにかく貴方はこうするべきなんだと、「命令」の言語を繰り返し投じる。

電車に乗り、クリスマスに向けて中吊《づ》りを飾る女性誌の言葉を採集する。この世界に投じられる「!」の成分は、おおむね「宣言」と「命令」で出来ている。

「たった5分でここまでキレイ!」(『美的』)
「35歳——〝色っぽい女〟で生きていく!」(『Domani』)
「この冬はタイツがなきゃ始まらない!」(『CLASSY.』)
「〝朝から元気〟はママの最優先事項!」(『VERY』)
「男子のかわイイネ集中★ 流行服10♥こう着てモテる!!」(『Seventeen』)
「シンプル服こそ、モテるの正解!」(『S Cawaii!』)

恣意《しい》的に引っ張ってきてはいるものの女性誌のコピーを連発させると、実にピダハン的世界だと分かる。一方的な「宣言」あるいは「命令」の羅列だ。こうすることで、不安や悲しみを払い落とす、とでも言うのだろうか。

「私、一か月でかわいくなれますか⁉」（『CanCam』）

「この秋、『上品に際立《きわだ》つ』女になりませんか？」（『Precious』）

と言った「質問」もあるにはあるのだが、これは、もう一段階面倒くさい。問いかけてはいるものの、これは、答えを求めている「？」ではないのだから。基本的に編集部の狙《ねら》いに読者が従順な女性誌は、その紙面で問いかけている「？」ですら「命令」として吸収されやすい。

女性誌の中吊りほど、直接的に人を消費活動に引っ張り出す広告もない。例えばその隣にある住宅広告が「小高い丘に射《さ》し込む抜群の夕陽。東京からわずか五八分（小さな文字で「※新幹線利用」とある）でこの生活が手に入る」と、報告に留まっているのとは対照的である。

女性誌が読者に投じる、一方的な「宣言」と「命令」。どのような相手であろうとも、投じられる設問があってそれに対して回答や意向を宣言するのが交感のスタンダードだが、そんな順序なんて問わずに真っ先に「宣言」を投じてくる。宣言を途絶えさせてはいけない。ファッション業界というものは、いつ何時も流行ものを新たに作り出し、次々と飽きさせなければいけない。あれ、この三着あれば毎年冬は事足りるじゃん、と思わせてはいけないのだ。今年の冬はこの三着あればＯＫじゃんと思わせなければいけない。そのためにも、宣言を投じ続けていく。

ファストファッションがなぜここまで隆盛したのか。そして、なぜ新しいとされたのか。それは無個性であることを認めながら、「でも質は良いですよ」とＰＲし続けたから。個性はないです、でも土台はこちらでどうぞと、あたかも個性に向かう下準備のような雰囲気を上手に醸《かも》し出してきた。

思春期を多摩地方で過ごした私は、ユニクロで洋服を買う、という選択がとっても恥ずかしかった時代を知っている。東京都だけを見るならば、ユニクロはまず都心よりも都下に上陸している。都心に出店するのは原宿店をオープンする一九九八年のことで、それ以前は、全体的にもろもろ諦《あきら》めて安くしましたという田舎臭いラインナップだった。その至らなさを、なんとかテンションでカバーしていた。だから、織り込みチラシは今よりもやたらとハイテンションだった。

今、多くの人は「もうユニクロで構わない」と言って、ファストファッションに囲まれることを怖がらなくなったが、ブランド側は、その怖がらなさを巧妙にキャッチしている。だからもうかつてのハイテンションな折り込みチラシのように、一方的な「宣言」などしない。「命令」もしない。女性誌のコピーが「宣言」に溢《あふ》れているのに対し、ユニクロが打ち出すコピーはどこか報告っぽい。企業理念を紹介するテキストには「あらゆる人が良いカジュアルを着られるようにする新しい日本の企業」とある。いくつかコピーを並べてみる。


「ジーンズを変えていく。」

「この私が、私です。」

「あなたは、着てみておどろく。」

「今を生きる服。」


女性誌のコピーよりも、むしろ、不動産広告に近い。新幹線に乗れば一時間経《た》たずに東京に着きますので、という、「!」を使わない報告だ。広告文にわざわざ「。」を入れているのは、もう「!」を使いませんよというPRとも思える。スタンダードやベーシックであろうとする言語が並ぶ。私たちはテンションで押し切りません、ですので、このベーシックからスタートしてみましょう、という合図であり挨拶《あいさつ》なのだ。折り込みチラシではまだまだ「！」を使うが、この緩急もまた戦略なのだろう。

女性誌の命令「！」は、この挨拶「。」を超えていかなければならない時代に入った。とてつもない勢いで、市場を「。」が席巻《せっけん》している。嗜好《しこう》をもっともっと乱してもらわなければいけない。その時々の流行りに目を向けてもらうには、その市場を乱し続ける「命令」を読者に繰り返していくしかない。

では、交感のもう片方、受け取る側はどうなのか。旧知の女性がなかなか面白いことをツイッターに呟《つぶや》いている。

「同僚とハロウィンの仮装について話してたら、営業の男が『あらら、まんまとエンタメ業界の策略に乗せられちゃってw』みたいなこと言ってきた。そんなの分かっててやってるし、むしろ、あなたが毎日身につけてる窮屈そうなネクタイとかスーツは、ビジネス業界の策略に乗せられてるだけなの分かってる？」(@megane_megane_)

お恥ずかしながら、男性は、その事実を分かっていない。その指摘に口をあんぐり開けてようやっと衝撃を受けるのかもしれない。女性は、長年「！」を浴び続けてきたから、乗せられていることくらい当たり前に分かっている。世の女性が、ユニクロの「。」を許容して「もうユニクロで構わない」という境地に行き着いたのは、「！」との棲《す》み分けをじっくりと体得してきたからだ。男性のファッションは初期設定に無難さが求められ、その上で個性をちらつかせるにはどうすればいいかが問われる。最初からユニクロ的だ。「毎日身につけてる窮屈そうなネクタイとかスーツ」に疑問を持たないのは、「！」を投じられた経験に乏しいからである。

群雄割拠の女性誌の世界でとりわけ成功している、比較的ヤングだがハイソなマダム向け雑誌『VERY』のコピーは「基盤のある女性は、強く、優しく、美しい」である。唐突にこれを知ると、なんと傲慢《ごうまん》なコピーだろうかと苛立《いらだ》つ。説教好きの昭和男ならば、「誰のおかげで食べていられると思っているんだ」と露ほども待ち望まれていない説教を条件反射的に始めてしまうかもしれない。でもその「基盤」は、決して、今ある家庭という基盤だけではない。長年「！」に耐え抜いてきた経験がもたらした基盤とも言えまいか。

この雑誌が特別視されるのは、「！」には動じない「。」という基盤を持つ女性たちが読んでいますというスローガンにもあって、それは「愛されワンピ」から「もうユニクロで構わない」の変遷《へんせん》を辿《たど》ってきた人たちならではの成果なのだと思う。実際、雑誌を開いてみても、まだまだ「！」が投じられているものの、余裕たっぷりにユニクロを使っている。「この冬はパンツがなきゃ始まらない！」という命令を「もうユニクロで構わない」とかわすことを覚え始めたのは、基盤を持つ女性だった。受け止める側の「そんなの分かっててやってるし」が持つパワーは、女性誌の言葉が一本調子に続けてきた、命令による関係性を変えていくのかもしれない。

マーケティングの雑誌やウェブ記事を漁《あさ》ると、「双方向性」という言葉が得意げに出てくる。「反ピダハン」的センスだ。これまでのマーケティングが一方的だったから、今は双方向。でもまだまだ、消費は一方的なまま突進していく。少なくとも、基盤を持った女性は、双方向だなんて思っちゃいない。そういう言語には騙《だま》されない。「もうユニクロで構わない」がこれからどこまでも末広がりになって、それが一方的な突進をかわす言語として力を持つ可能性はある。その時には、消費社会の方向性が変わるかもしれない。「双方向」を欺《あざむ》くかのような「もうユニクロで構わない」の芽生えを、「ああもうわざわざ買ってくれないんだ」と、消費を諦めた言葉として誤読してしまうと、そのファッション誌はたちまち凋落《ちょうらく》していくのではないか。

これはむしろ新たな「一方向性」である。受け手が一方向性を握るし、それを特異だとすら思わない状態。マーケティング本の論理よりも、ピダハンの論理に近い。ファッション誌の、「今年の夏は、オフショルダーにミモレ丈スカートが来る！」を受け止めない「もうユニクロで構わない」、この態度は、ファッションの彩りを根本から覆《くつがえ》すかもしれない。

20

誰がハッピーになるのですか？

大雑把なつながり

常識人ぶると、「WIN-WIN」という流行りのビジネスワードの陰には確実に「LOSE」がいるのだし、ならば、ジャーナリズムの役務は、埋もれてしまったLOSEに目を向けて、そこへ強引に追いやろうとするWINの存在はないかと監視すること、なのであろうが、人はWIN-WINを目の前に差し出されると、ついついお互いに勝ち合っているのだしと、そのハグをそそくさと許容し、足下で誰かが踏んづけられている光景に目をやることを失念してしまう。チャンスなんていくらでもあったのにWINになれないほうが悪い、とWINでもないくせにWINに加勢してしまう。株価が上がって儲《もう》かるのなんて大企業だけだと憤っても、WINは「そんなこと言ってないで株を買えばいいじゃんか」と言う。WINに参画できないからLOSEなのだと鼻で笑う。WINとWINは「-」でつながっている。結託している。だからこそ、LOSEはなかなかWINには立ち代われない。

社会のWINとLOSEの有り様を問う時、ついつい自分の憧《あこが》れの先人たちの言葉を連ねることになる。「社会の片隅でくすぶっている方が似つかわしい」――自らを「由緒《ゆいしょ》正しい貧乏人」と名乗ったのはジャーナリストの本田《ほんだ》靖春《やすはる》だ。一九五五年に読売新聞社に入社し、社会部の一員として六四年から「黄色い血」追放キャンペーンを張り、紙面を通して売血の実態を告発した。当時、東京・山谷を中心に、低賃金労働者が売血を常習的に繰り返すことで日銭を得ていた。血液事業が急速に広まったこの時期、輸血量はわずかの間に四〇〇倍近い量に膨れ上がったが、その陰には月に五〇回もの採血を受けている売血の実態があった。本来鮮紅色の血は、抜きすぎると黄色く薄くなってくる。こうして集められた黄色い血液を輸血した場合、約二〇％の割合で悪性の血清肝炎になったという。自ら腕を差し出しながら、この売血制度を疑った本田の告発は、後の献血制度へと結実していく。

本田は七一年に読売新聞を辞める。社主の正力松太郎《しょうりきまつたろう》、彼の意向に沿うことばかりを紙面に反映させる「正力コーナー」の存在を許すことができなかった。同時に、正力コーナーを何の疑問も持たず受け入れるサラリーマン・ジャーナリズムに失望した。本田は、四〇歳前にして、とっとと新聞社を出ていく。

本田の、東京五輪開催を前に起きた吉展《よしのぶ》ちゃん誘拐事件を追った『誘拐』（ちくま文庫）はノンフィクション史に残る傑作だ。福島から出稼ぎに出るも、訛《なま》りが抜けず、足に障害を抱えていたことも影響して満足な生活ができずに苦しみもがいた、小原保という誘拐犯が抱えた淀《よど》みと向き合っていく。田舎でバカにされ、都会で疎外《そがい》された小原。加害と被害、そのいずれかではなく、両者の心根にそれぞれ迫っていく。本田はこの作品の文庫版のあとがきに「きわめて不幸なかたちで人生を終わった二人の冥《めい》福《ふく》を改めて祈りたい」（傍点引用者）と記している。ノンフィクションの役目は、ここに「二人」と書けるかどうか、なのだろう。犯人は近所に住む男性だとみられる、などと書き記す風土とはあまりに距離がある。しかし、今の世の中が求めているのは「みられる」で、物語は単調かつ横暴な方向に急かされて処理されていく。「みられる」報道が自信に満ちているのは、自分の意見ではないからなのだが、長いものに巻かれる規模の大きい安堵《あんど》は、本田の言う「社会の片隅」を見つめる視力を失わせてしまう。

静岡の寸又峡《すまたきょう》温泉で発生した立てこもり事件、金嬉老《きんきろう》事件を追った『私戦』（河出文庫）は、犯人の金嬉老がぶつかった在日朝鮮人に対する差別意識に寄り添いながら劇場型犯罪を見つめた一冊だ。彼自身は、清水署の刑事に「てめえら朝鮮人は日本へ来てでかい面《つら》するな」と人種蔑視《べっし》発言を投げられたことへの謝罪を人質解放の条件に挙げていたが、その金の主張を当時のマスコミは取り上げなかった。事件の根幹に横たわっていた差別意識に目を向けなかったことに本田は憤怒《ふんぬ》した。社会の片隅を、大きい論理、つまり、いつもの論理で封殺してしまったのだ。

検察内部の権力闘争に巻き込まれた先輩記者・立松和博を追った『不当逮捕』（講談社文庫）、国策に翻弄《ほんろう》された下北半島・むつ小川原地区を歩いた『村が消えた むつ小川原 農民と国家』（講談社文庫）など、社会の片隅や裏面で奮闘した人々の声を拾い上げた本田の名作を次々と積み重ねるように挙げていくのは容易だが、ここら辺で抑えておく。晩年、両足切断、右眼失明、肝臓ガンなど、いくつもの病と闘った本田は、ただただ、文章を書くためだけに生き長らえた。絶筆となった『我、拗《す》ね者として生涯を閉ず』（講談社文庫）は、自身の人生を振り返りつつ、病床から現代日本の病理を突いた。主観を持たずに客観視で茶化すマスコミの言語を、最期《さいご》までことごとく嫌い続けた。本田がしきりに使った「社会部が社会部であった時代」をこう回想している。

「社会部では嚙《か》みつくことがよしとされた。嚙みつくというのは、弱者である若手が、自分より強い上位者に向かって、非を鳴らすことである。社会部で最も忌《い》み嫌われたのは、ごますりであった」

やがてごますりだらけになった社会部を脱する本田は、自らの言動を支えるのは「野糞《のぐそ》精神」だとした。「野糞のごとき君なりき」と言われたい、と。

「野糞というやつは、踏みつけられても、立ち上がって反抗することは不可能である。でも、ささやかに報復することはできる。なるべく量と面積を稼いでおいて、踏んだ奴《やつ》が味わう不快感を、少しでも大きくすることである」

本田の心性が滲むこの言葉は、末端の書き手であるこちらにとって、ブレない動機付けになっている。ライターを専業とする以前の編集者時代、本田の足跡をまとめた特集本と単行本未収録集を編纂《へんさん》する機会に恵まれたが、その編集後記に思わず書いたのは、「本田靖春は、本末転倒には厳しかった。しかし、転倒しない本末には優しかった」だ。人間を見つめる強度が本田の作品には満ちている。本田の言葉にはひたすら頼れてしまうので、ひとまず前に進む。なぜ、本田の言葉を引っ張り上げてみたのか、について。

すっかり社会の片隅に目が届かない時代にある。むしろ、届かなくってよし、がそれなりにひとつの極論として立派に機能してしまっている。あらゆるツールによってどこまでも可視化されていくくせに、社会の片隅は細かく広がったまま放っておかれている。批評性が比較的強い原稿を出した際に、「面白いんですが、この原稿を読んで、誰がハッピーになるのですか？」と問われたことがある。メールで送られてきた文面を見ながら目を疑った次に相手を疑い、「原稿とは、ひとまず人をハッピーにしなければならないのでしょうか？」と返すと、「まぁでも、わざわざdisる必要はないですよね～」と再度返されてしまう。そのポップな澄まし顔に対する返答をどうにも用意できなかった。

人が受け付けやすい「善」を投じることだけが文章の効能だと信じて止《や》まない人に出会うとなかなかどうして、話しかける言葉を失ってしまう。編集者がそう淡々と言い切るのは、彼らが善きことだけが流れていく市場を熟知した体つきだからでもある。少しの皮肉を混ぜた文章を投じると、こちらは批判をしている「だけ」の文章、と認識されることになる。コーヒーにミルクを数滴垂らしたら、それはコーヒーではなくミルクだと言う。ミルクコーヒーですらない。人と人が大雑把に近付くのが容易になった社会において、対論を交わしながら最適なかかわり方をじっくりと見つけ出していくことが難しくなった。ありきたりすぎる話だが、SNSはその大雑把な接続を担保する恰好《かっこう》のメディアである。

今、あらゆる媒体に批評が介在しにくくなったのは「つながりすぎている」からだと言われるが、むしろ、「大雑把につながっている」ことのほうが大きく作用しているのではないか。接続の「量」ではなく、「言わずもがな」接続されてしまう強制性にある。この強制力のあるつながりが、離れたところから洞察して対話へ持ち込んだり、意識的に近付いて相手側の声に耳を傾けたりしてみるというプロセスをぶった切っていく。

雑誌が人々の嗜好《しこう》を握るメディアとして機能していた時代、そこに記される批評は確かに権威じみていたかもしれないが、雑誌の特性を理解しながら堂々と鎮座する批評の存在が、受け手と発信側とを明確に隔てていたという側面がある。読者がその雑誌の世界に分け入って、快と不快の双方を感知しながら批評を堪能《たんのう》するという土壌があった。ただただ褒める意見よりも議論に巻き込む意見が存在感を放っていた、カルチャー誌の批評などが分かりやすい例だろう。

人と人の懇切丁寧なかかわりが失われてしまったと嘆く老輩の論旨は止まらない。メールではなくて手紙を書きなさい、電話ではなく会って話せ。うん、分かる。でももはや、大雑把にかかわりまくる、というのは初期設定であり、声掛けしたところで変わりようがない。「丁寧に戻せ」は見解としてすら機能しなくなった。人と人とが大雑把にかかわれてしまうと、人は大雑把に寛容になる。自分の部屋では鼻くそをほじれるが、ガラス張りの部屋だからほじれなくなる。いつ晒《さら》されるか分からないからこそ、建設的で善良な自分を自分で調達する。

大雑把なかかわり合いで投じられやすいのは、煙たい話ではなくて、イイ話に決まっている。ペット殺処分問題を語るよりも、雨に濡《ぬ》れた猫が一晩明けて帰ってきた話を好むし、原発問題を語るよりも、見知らぬお婆《ばあ》ちゃんを背負って山間《やまあい》まで走り津波から逃れた話を好む。大雑把にかかわり合う顧客の顔色を窺《うかが》いすぎて、メディアは面倒なアプローチを避けるようになった。ほらすぐそこに対象が見えている、それなのにネガティブな意見を投じられるはずがないだろう、とさっさと議論を諦めてしまう。

大雑把につながっちゃってますからね、もう批評しないほうがいいでしょうという態度は、この上ない怠惰でしかない。しかし、その態度がそこかしこに充満している。この時代に、建設的に抗《あらが》い続ける、そして「社会の片隅」を見つめる眼識を保ち続けるのは難儀だ。異論を押し並べて暴論と処理されてはたまらない。

思想家の久野収《くのおさむ》はルポライター・竹中労のことを「竹中っていうのは時々、味方の横っ面を引っ叩《ぱた》くんだ、あれがすごくいい、あれが必要なんだ」と語っていたと、佐高信の談にある（『道の手帖《てちょう》 竹中労』河出書房新社）。どんなに近くにいようが叩かざるを得ない時には叩く、こういう馴《な》れ合いと無縁の先人が引き締めてきた言論すら、今の時代に改めて咀嚼《そしゃく》すれば「炎上」でしかなくなるのか。左でも右でも、ある主張を掲げている場合、その徒党の先頭に立つ人しか認めない。竹中は、思想的には全く異なる三島由紀夫や右派に連動を求めていた。『竹中労の右翼との対話』（現代評論社）の一節である。

「アナキストである私が天皇をみとめないという一点だけをこれだけはどうしても留保しなくてはなりませんので留保して、諸君に連動することをいまここで申し入れたとする、諸君はどう答えるでしょうか？　私たちはかなりの接点がある、現状変革の志において一致できる」

大雑把につながっていない時分に、立場を越境していくプロセスを強引に探し当てた人の言葉から学ぶべきことはないのか。本田靖春の信条が「野糞」ならば、竹中の信条もまた「糞」だ。個々人の表現の自由を堅守するために、竹中はあえてこう言い放った。

「みなさんはホラー（ビデオ）は有害だと一口に言うが、ホラー・ビデオこそ、二十一世紀の芸術になるかもしれないのですぞ！」「たとえ『馬の糞』でも表現の自由は擁護しなければならんのです！　なぜなら（有益な表現と有害な表現は）区別のしようがないからです！」（竹中労『決定版　ルポライター事始』ちくま文庫。竹熊健太郎の文庫版解説より竹中の発言）

一九八八年から八九年にかけて発生した連続幼女誘拐殺人事件の犯人・宮崎勤《みやざきつとむ》の部屋から大量のホラー＆ロリコンビデオが発見されると、国はここぞとばかりに「有害ビデオ」指定に前のめりになった。出来事に対して一つの原因を掘り起こしたがる悪癖はこの頃から国とマスコミの常套《じょうとう》として揺るがない。以前にも触れたが、契約社員が異物を混入すれば、会社とマスコミは結託して正社員でないことを強調するし、シングルマザーの犯罪は「マザー」よりも「シングル」にスポットが当てられる。人と人が大雑把にかかわるあまり、生じてしまった予想外のことをたちまち「イレギュラーだから」と処理することになる。書いていて改めて気付くが、予想外のことをイレギュラーとして処理する、というのは何の説明にもなっていない。ルー大柴のごときイングリッシュ。だが、ここにはルーの「桃マロン3年、柿《かき》エイトイヤーズ」（しかしこれほど既存の言葉を躍動させる変換を私は知らない）にある茶目っ気がない。

宮崎勤に向かう竹中労の次の言葉は、イレギュラー認定で処理しまくる現在にはどう響くだろう。

「宮崎勤《ママ》の犯罪は、実に人間的である。彼をけだものでも悪魔でもなく、一個の人間として捉《とら》えれば、犯罪の深層は見えてくる。〝非人間的な〟警察権力、マスコミ報道の悲喜劇も」（同書）

接続を繰り返し、その他を非接続で片付けている中で、徐々に非接続を過度に怖がるようになった私たち。これだけ大雑把につながれるというのに、つながってこない外部を、自分からではなく向こうから遮断する可能性を持つ人間だと危ぶむようになる。批評が機能しなくなったのも、こういう風土と無関係ではない。いつから、馴染まない要素＝断ち切らざるを得ない要素、としか考えられなくなったのか。

竹中がいわゆる左右の考えを越境するために思想をなげうって言葉に託したように、すでにあるつながりを確認するためではなく、（たとえ宮崎勤であろうとも）つなぎ止めるための対話にこそ言葉は躍動してきたはず。例えばフェイスブックでは、すでに接続された関係性を更に約束する〝エモい〟（エモーショナルで琴線に触れる）投稿ばかりがシェアされていくが、しかし、そもそも人と人は非接続であって、圧倒的な単体同士が凝視を繰り返してようやくつながるのだ、ということを感知させてくれる竹中のような話者から放たれる言葉こそ〝エモい〟のではないか。接続に慣れ親しんだ人々は更にくっ付けようとする力だけを歓待する。手刀切って間に分け入ろうとする異分子はヘイトされてしまう。どこまでも貧相である。

成績の悪かったギャルの偏差値があっという間に上がった話にマジでリアルに鼓舞されている人たちが溢れていることから分かるのは、見知らぬ人の、でも自分のこととしても思えなくもない内発的な変化の物語には心を動かされるが、すでにつながっているもの以外の外発的な変化の物語には、心を動かさないということ。

大雑把につながってしまうことで、まだつながっていないところで生じている、聞くに足るものが相当量、立往生している。萎《しお》れて干涸《ひから》びて不貞腐《ふてくさ》れている。聞くに足るもの、だなんてシャレた言い方は竹中からは叱責《しっせき》される着想だろう。聞くに足りないものなどないのだと竹中はひたすらに教えてくれた。

本田靖春に通底していたのは「複眼」の精神。ひとつの物事を見る時に、いくつもの方向から見つめることを自分に課していた。倒した人と屈した人の目に映るものは違う。殺した人と殺された人の目線に入り込むものは違う。どちらかに寄り添うのではなく、どちらにも目を向ける。被害者意識も加害者意識も、当人でないのだから分からない（とすることを許さない社会だけれども）。ならば、両者への想像を膨らませる。

森達也が、『「自分の子どもが殺されても同じことが言えるのか」と叫ぶ人に訊《き》きたい正義という共同幻想がもたらす本当の危機』（ダイヤモンド社）と長い長いタイトルで主張したように、当事者に感情を委《ゆだ》ねる以外の選択肢を示した途端に叩かれる社会である。しかし、それでも踏み込んでいく「糞」と「野糞」を忘れたくない。「読んだら誰かがハッピーになる」を前提にしてしまうと、ビリの女子高生の偏差値が上がった話しか受け取ることができなくなる。批評は、ジャーナリズムは、懸命にそこから逃れなければいけない。

遊軍時代、本田と記者クラブを共にしたこともある朝日新聞きっての名文家・深代《ふかしろ》惇郎《じゅんろう》は「天声人語」で、大島渚《なぎさ》が高校生の作った８ミリドラマの審査員をやったところ、内容が似通っていて首をひねった、という話を書いている（一九七三年一二月六日）。高校生の主人公は押し並べて髪が長く、痩《や》せこけてＧパンをはいており、そのうちに髪の長い女の子と出会い、湖のある森に出かけるか、あるいは都会の片隅にある公園で、ぎこちない会話をし、別れるのだそう。その指摘を受けて深代は、観察や知識をなおざりにしながら抽象性に浸《つ》かる危うさを語る。

「抽象論をもつより、個々の事物をありのまま観察し、どん欲に吸収すべき時機であって、そこに押えがないと観念に重みがともなわないし、また想像の翼もかえってはばたきを失う」

うむ、これは今、若者のみならず大勢が得ている大雑把につながれる環境とは相反している。なんたって今、抽象論は受け付けてくれない。でも、それなのに、抽象が類型化していくのはなぜなのか、想像の翼を失っているのはどうしてなのか。深代の締めの一言が刺さる。

「現実からの逃避ではなく、現実を獲得したいためなのだろう」

深代は、若者たちが抽象性に依拠するのは、逃避ではなく獲得の意思であったとした。

抽象性が現実の解像度につながっていた時代、空疎な学生闘争もあったかもしれない、夕陽に向かって走る過剰なセンチメンタルムービーもあったかもしれない。用意された現実を脱皮しようと働きかけていた時代には抽象性ばかりが頼りにされすぎて、「想像の翼」を具体的に用意する働きかけが失われていた。

しかしながら、一切合切、直接的にハッピーに向かわせなければいけない時代、少しでも人が人を皮肉れば「disり」と言われる時代だからこそ、「直接的でない」環境が豊富だった時代を羨《うらや》んでしまう。

本田靖春や竹中労が物言う世界に蠢《うごめ》いていた時、どんな相手であろうと刃向かうためには外へ出て対峙《たいじ》しなければいけなかった。WINとWINはこれほどまで「I」でつながっていなかった。対象に向かう切実さがあった。知らない相手にぶつかっていくからこそ広がった視界があった。抽象や間接の欠片《かけら》から具体を掘り起こしていた。

本田は自身を「拗ね者」と呼んだが、今、拗ね者はひとまず腫《は》れ者にされる。大雑把につながっている人たちにとって、まったく悔しいことに、拗ね者は厄介を呼び込む存在と規定される。悔しい。その場で起きていることが、舐《な》められている。紋切型の言葉で片付けられる。未来あるいは今を一新するプランニング、そういう視野の広さばかりがウケる。流れている現在を摑《つか》まえるために、ありきたりの言葉を投じて一丁前を気取ることを決して許さなかった人たち。言葉で固まる現代を解きほぐすために鋭利な言葉を執拗《しつよう》に投じ続けた人たち。彼らは決して、〝ハッピー〟という帰結を目指しはしなかった。だからこそ、その言葉は今なお摩滅しないし、奮い立たせる言葉として神通力を持つ。人の気分をうまいこと操縦する目的を持った言葉ではなく、その場で起きていることを真摯《しんし》に突き刺すための言葉の存在は常に現代を照射し続ける。いかに言葉と接するべきか、言葉を投じるべきか、変わらぬ態度を教えてくれる。言葉は今現在を躍動させるためにある。

21

生産性

誤解を招いたとしたらお詫びします

『新潮45』(二〇一八年八月号)の寄稿に「LGBTのカップルは生産性がない」旨《むね》を記した自民党の杉田水脈《みお》衆議院議員が、相次ぐ批判の声にひとまずどのように反応してみたかを思い出してみれば、「私の雑誌の寄稿文について、さまざま誤解や論争を招いたことについて非常に心苦しく思っている」であった。杉田の諸先輩方も、とにかくこの言い分がお好きで、現時点での「ベスト・オブ・誤解を招いたら」は、都議会議員選挙の応援演説での稲田朋美《ともみ》防衛大臣(当時)だろう。「防衛省・自衛隊・防衛大臣としてもお願いしたい」と発言して問題視されたが、その後の会見で稲田は、「防衛省・自衛隊・防衛大臣としてお願いするという意図は全くなく、誤解を招きかねない発言であり、撤回をしたということであります」と述べたのだ。

テレビ番組『やりすぎコージー』の都市伝説企画に登場して人気を博した芸人、ハローバイバイの関暁夫《あきお》は、最後に必ず「信じるか信じないかはあなた次第」と添えたし、明石家さんま司会のバラエティ番組『ホンマでっか⁉TV』では、様々な通説を紹介した後で、「この番組に登場する情報・見解はあくまでも一説であり、その真偽を確定するものではありません。『ホンマでっか⁉』という姿勢でお楽しみください」というテロップを出す。要するに、これまで流してきた主張に対して、そのフレーズを添えることで逃げ道を用意するという、なかなかズルい方法なのだ。でも、稲田朋美らは、そうやって逃げることもしない。明らかに間違った言葉を言い放った後で、直球勝負を挑むのである。三振した後に「三振していない」と言い張り、カツ丼《どん》を食べた後に「カツ丼なんて食べていない」と言い張り、待ち合わせに大幅に遅刻してきたのに「私は遅刻していない」と言い張るのが稲田流。もう一回繰り返そう。彼女は、「防衛省・自衛隊・防衛大臣としてもお願いしたい」と発言したことに対して、「防衛省・自衛隊・防衛大臣としてお願いするという意図は全くなく、誤解を招きかねない発言であり、撤回をしたということであります」と言い訳してみせたのだ。食べ終えた丼《どんぶり》を自分の目の前に置きながら、カツ丼なんて食べていないと主張する人に、私たちはどういう言葉を用意すればいいのだろうか。

この項目は、文庫版のための書き下ろしということになる。本書には「誤解を恐れずに言えば」という項目を設けているが、単行本を上梓《じょうし》してから四年近くが経《た》ち、私たちが頻繁に耳にするのは「誤解を恐れずに言えば」よりも「誤解を招いたとしたら」になった。もう、誤解を恐れずに言いまくっているので、誤解を恐れずに言えば、なんて言わなくてもいいようなのだ。自分に向かうあらゆる批判を、あっ、それ、そっちの誤解です、ホント困っちゃうんですけど、と言い張ることで万事をうやむやにできることをある特定の人々が覚えてしまった。あなたたちの理解力が乏しいからこっちの思いが伝わらないんだよ、と言い張る。カツ丼を食べ終わった後の食器、レシート、店内の監視カメラの映像を証拠提出しても、自分がカツ丼を食べていないと言えば、カツ丼を食べていないことになる、そんな世の中になってきた。そんな世の中って、どんな世の中だろう。

杉田水脈議員は、記者から「撤回と受け止めていいのか」との問いかけに対して、「いいえ、生産性という言葉については、本当に不適切であったと感じております」と返しつつ、「人権を否定する思いもなく差別することも全くない」と結論付けた。不適切な言葉であったことを認めながらも、発言を撤回することもなく、これは人権否定でも差別でもないとする。どういうことだろう。

カツ丼のたとえを持ち出したからにはなんとかカツ丼のたとえで頑張ってみる。「カツ丼を食べていない」という言い方は不適切であったことは認めるが、だがカツ丼を食べていないと主張したこと自体を撤回はしないし、その発言にカツ丼自体を否定する思いはなかった……いや、ダメだ、無理がある。食べたはずのカツ丼を食べていないと主張しているシチュエーションでは、もはや現実が追いつかない。そもそも、公的な仕事に就く人間が、一度吐いた言葉を容易《たやす》く撤回することなどできないはずだが、なぜか彼らにだけ与えられている特権「発言の撤回」を行使すらせずに、「不適切であったと感じている」を最終的な結論にしてしまう。こちらは、そちらの原稿を拝読した瞬間から不適切だと感じてきたのだが、そちらは自分の原稿について、時間をかけて客観的に分析した上で、不適切との結論をこちらに投げつけて、足早に逃げてしまった。

事の経緯の詳細を書き記す必要もないだろう。この「杉田論文」を掲載した『新潮45』は、さらに、その杉田の主張を追認するように、二〇一八年一〇月号において「そんなにおかしいか『杉田水脈』論文」という特集を組んだ。追認するように、というのは、読んだこちらの印象論ではない。その特集のリード文には、「8月号の特集『日本を不幸にする「朝日新聞」』の中の一本、杉田水脈氏の『「LGBT」支援の度が過ぎる』が、見当外れの大バッシングに見舞われた」（傍点引用者）と書かれていた。つまり、雑誌編集部の主張を注ぎ込むリード文で、「杉田論文」に向かう厳しい声に対し、見当が外れているというスタンスを表明したのである。

杉田が「LGBTのカップルのために税金を使うことに賛同が得られるものでしょうか。彼ら彼女らは子供を作らない、つまり『生産性』がないのです」と記した原稿に対して、性的マイノリティの方々への差別表現であるとする声が向かった。だが、『新潮45』は、見当外れとした上で、特集を組んだのである。その特集では、「文藝評論家」を名乗る小川榮太郎が「LGBTという概念について私は詳細を知らないし、馬鹿《ばか》らしくて詳細など知るつもりもない」とした上で、LGBTと「痴漢症候群の男」を同列に並べた原稿を記すなど、見当外れの分析が見受けられた。その後、『新潮45』の休刊が決まると、氏は、あたかも自分が言論統制にあったかのような言い分を、Facebookに書き込み続けた。

新潮社は、この特集が批判を浴びた後、佐藤隆信社長名義（二〇一八年九月二一日）と新潮社名義（二五日）で、声明文を発表している。社長は、「『新潮45』の特別企画『そんなにおかしいか「杉田水脈」論文』のある部分に関しては、それらに鑑《かんが》みても、あまりに常識を逸脱した偏見と認識不足に満ちた表現が見受けられました」とした。

ここで言う「それら」とは、その前文にある、「弊社は出版に携わるものとして、言論の自由、表現の自由、意見の多様性、編集権の独立の重要性など」を指すが、この「ある部分」が何を指すのかが明示されていない。

学校の先生が、「えっと、このクラスに悪い奴《やつ》がいたのでこのクラスは解散します」と宣言する。クラスのそれぞれは「先生、それじゃあ、誰が悪いかわからないから、自分たちが悪いって思われるかもしれないじゃないっすか。ちゃんとそいつの名前を言ってくださいよ」と物申すと思う。でも、今回はそのままになってしまった。「ある部分」とは一体、「常識を逸脱した偏見と認識不足に満ちた表現」とは一体、誰が書いた、どこの部分なのだろう。「ある部分」以外の寄稿者にとても失礼である。「差別やマイノリティの問題は文学でも大きなテーマです」とも添えたが、文学の大きなテーマであろうがなかろうが、差別はいけない。マイノリティの軽視はいけない。新潮社は新聞記事的な文言で言えば「老舗《しにせ》文芸出版社」だし、その新潮社があのような原稿を載せたことに対して、文学でも大きなテーマですし、と鎮火しようとするのはわかる。でも、この一件を、新潮社のような歴史ある出版社が、このような差別的言動に加担してしまった事案、と片付けてもいいのだろうか。それで、何が片付くのだろうか。

佐藤社長は、その後開かれた新潮ドキュメント賞と小林秀雄賞の贈呈式で『新潮

45』休刊について、「みなさんに原稿料をお支払いするチャンスがまた減ってしまったということで、大変申し訳なく思っています」（朝日新聞・二〇一八年一〇月一三日）と述べたという。さすがに動揺してしまう。今回、このようにして、別版元から刊行されていた単行本を新潮社にて文庫化する話を二年以上も前からいただいていたこともあり、あらためて原稿料をお支払いいただくチャンスを得たわけだが、この一件がこうして収束していく様子って、どことなく、先述した「誤解を招いたとしたら」と同じ匂《にお》いがする。物事がこれだけ大きくなってしまったので謝ります、という。大きくしたのは、自分たちではなく、世間やマスコミ。こんなに問題になるなんて困っちゃいました。ですので、対応します。文書を出します。これでもダメですか。ではもう一度。それに頷《うなず》くだけでいいのだろうか。

青山ブックセンター本店の書店員・山下優は言う（「ニュースイッチ」二〇一八年九月二〇日）。

「いわゆるヘイト本は一切置いていない。多様な文化や考え方、価値観がある事自体を否定するわけではないけれど、ヘイト本は明らかに何かを貶《おとし》めている。それを積極的に売れるかと言われれば、売れない」

「置いているお店は、決して考えに賛同しているというわけではなくて、売れるから置くのだと思う。だけど、売れればそれでいいのか？　とも思う。表紙を見ると結構インパクトがあって、見たくないというお客様も結構いる。もちろん売上は重要だけれど、ヘイト本を売り続けた先の想像力が足りないのではないか」

　このインタビューを自分のツイッターで紹介したところ、言論統制するような本屋なんか行かない、と攻撃的な反応がいくつか飛んできた。『新潮45』の件についても、新潮社の本を置かないと宣言した書店などに対して、言論封殺・統制といった言葉が飛び交ったが、権力者が個人の言論を制限するのが言論封殺・統制であって、差別的な言説を問題視し、その手の原稿を平然と載せてしまう雑誌編集部に対して物申すことが言論封殺・統制になるはずがない。「確かに悪かったかもしれないけど、騒ぎすぎじゃないかしら」という空気感を作る事によって、確かに悪かったほうが、健やかにのびのびと言葉を吐き出し始める。

　この文章・言葉はいけないだろう、と苦言を呈していたはずなのに、結果的に、着火剤の役割を果たしてしまう。いやいや、自分はそんなつもりで言ったわけではないのに、それくらいで怒らないでくださいよ、と自らの発言を矮小化《わいしょうか》する人たちに、苦言が活用されてしまうのである。「誤解を招いたとしたら」にある、受け取る側がいまいち頭がよろしくないのでこんなことになったんですが、そちらがそう思うなら謝っておきますね、という姿勢が、持論を再度肯定するためのスタートラインとしても機能してしまっている。

雑誌原稿や対談で、何度か本件を取り上げ、その中でも『新潮45』に掲載された小川榮太郎の文章について複数回とりあげた。すると、小川榮太郎から編集者を介して書簡が送られてきた。聞けば、小川は自分の文章に否定的な見解をぶつけてきた書き手に対して、議論を呼びかけるべく同内容の書面を送りつけており、その文面は、小川が代表理事を務める「一般社団法人　日本平和学研究所」のウェブサイトで公開されている。

自分の書いた文章が様々な書き手から批判されると「恐怖社会」がやってきたとし、「反論があれば『きちんとした文章』で反論してください」（Facebookより）と書き手の名前を列挙した投稿に自分の名前もあったので、文芸誌の連載などで「きちんとした文章」で反応してみたのだが、その反論に反論してくれることはなかった。書簡によれば「この問題につき、Ｈａｎａｄａ十二月号、一月号と二か月に渡り、拙文への批判に対する再批判を展開してゐます。これらの中で、具体的な名前を挙げて再反論した方は紙幅や論旨の重複、その他物理的制約上限られてゐますが、論旨の上ではすべての私への批判の主要部分には反論し得てゐると思つてゐます」とし、「平成後期に入つての論壇、文壇の閉鎖性を異常だと感じてゐます」と言いながら、「党派的な結束、レッテル貼り、文・論壇の歴史的継承のない無教養な言葉の横行を止め、知と礼節と真の毒を存分に含んだ言論空間を取り戻すべく、文・論壇の閉塞《へいそく》的な現状を、私は変へたい」と、いつの間にか、改革者の立場に変身されている。読み進めてみると、「いや、私が変へたいのではなく、日本の先人たちが全身全霊で怒りながら、あなたがたに、もつと真面目《まじめ》に仕事をせよと迫つてゐるのです」と不可思議な方向へ議論が膨らんでいく。自分へ向かう反論については、おしなべて「殆《ほとん》ど私の文章を読めていない。明らかに指摘できる事だらけだ」(Facebook)などと記しながら、自分の優位性を保ち、声高らかに誇る。「文・論壇の閉塞的な現状」を「私は変へたい」と言っているのに、自分への批判は「反論し得てゐると思つてゐます」で済ませてしまい、自分の文章を理解してくれない書き手には、「日本の先人たちが全身全霊で怒りながら」「もつと真面目に仕事をせよと迫つてゐる」そうなのだ。自分が記した文章への厳しい声を受け止めるのではなく、読み手の方がその文章を理解できるレベルにまで到達していないと言い続ける。自分の文章を、ちゃんと受け止められないなんて愚かであるという手口は、なかなか壮大な逃避だ。その逃避を居丈高に開示している様子は、どうしても「反論し得てゐる」ようには見えない。思えば、『新潮45』の氏の原稿には「このような概念（引用者注：ＬＧＢＴ）に乗って議論する事自体を私は拒絶する」とあった。自ら流転する論旨に整合性を生み出すために、強気に出るしか選択肢がなかったのだろうか。

ある特定の他者に対して、「生産性」という言葉で計測するようなことがあってはならない。そんなことを言った人を問い詰めてみると、返ってくる言い分が「人権を否定する思いもなく差別することも全くない」だった場合、それなのに「生産性という言葉については、本当に不適切であったと感じております」だった場合、私たちは次なる手をどのように用意すればいいのだろう。特定の言葉が持つ暴力性を、その言葉を使う人間が少しも理解していない場合、どのようなプロセスでその暴力性を指摘すればいいのだろうと頭を抱えてしまう。「あまりに常識を逸脱した偏見と認識不足に満ちた表現」という、特定の原稿に向かう、この上ない厳しい評価を下されても、下されたほうが「わかってない」と言い続けると、知らぬ間に、いい勝負をしている感じが強まってくる。明らかに論外であった言葉がいつのまにか論の中に侵入し、多くの人は自分の意見を認めてくれないかもしれないが、自分だけは譲らないよ、どうだい、もう一回読み直してみろよ、こちらの言っていることをキチンと読んで理解してくれさえすれば、どちらが正しいのか自明ではないか、などと言い続けることができてしまう。新潮社社長の声明は、「弊社は今後とも、差別的な表現には十分に配慮する所存です」と結ばれていた。当然、「今後とも」に引っかかってしまう。差別的な表現にこれまでもずっと配慮してきたのならば、いくつかの原稿は、歴史のある雑誌に印刷されることはなかった。

自分がどの性別の誰を好きになるかなんて、いつどう変わるか分からない。結婚していようがいまいが、関係がない。自分は今のところ、女性のことが好きになる男性で、女性の妻と一緒に暮らしているが、そうではなくなる可能性はいつだって用意されている。それなのに、「生産性」という言葉で特定の人たちを排除し、「自分たちにもこうやって発言する自由があるだろ」などと凄《すご》んでいる状態というのは、性自認というものを明らかに見誤っているのである。今、色々なところで少子高齢化が叫ばれるが、そもそも私たちは少子高齢化の解消のために生まれてきたわけではない。生まれてきた個人がどんな生き方をしようとも、それが当人の意思によって選ばれたものであれば、尊重されなければいけない。行政は少子化に対応する。だけど、別に私たち個々人は少子化に対応する必要はない。

成熟した人間とは、簡単に、人の人生に介入してこない人のことをいうのではないかと思う。未成熟な言論を投じる人たちは、人の人生に介入して、その動きを鈍くさせる自由があると言わんばかり。彼らは、いつまでも言葉が届かない仕組みを活用している。稲田朋美の「防衛省・自衛隊・防衛大臣としてもお願いしたい」に対する「防衛省・自衛隊・防衛大臣としてお願いするという意図は全くなく、誤解を招きかねない発言であり、撤回をしたということであります」が、その基本形である。受け取る側がバカだから、と揶揄《やゆ》され続ける場面は今後さらに増えていくことだろう。カツ丼を食べたのに、カツ丼を食べていないと主張する場面に繰り返し遭遇するのだろう。でも、その時に、食べましたよね、と告げるのを怠ってはいけない。「誤解を恐れずに言えば」が「誤解を招いたとしたらお詫《わ》びします」に切り替わった四年だったとすれば、ここからは「誤解を招いてすらいない。伝わっていない」と主張する流れに切り替わっていくのだろうか。実に危うい。原稿料をお支払いいただくチャンスがある限り、繰り返し注視していきたい。

おわりに

その欺瞞《ぎまん》が闇夜に放たれる時、貴方《あなた》は貴方自身が、
偽りの世界にすら少しも響かぬことに驚愕《きょうがく》するだろう。
――フランベルト・W・ジュマール

一七世紀のブルガリアで長い拘禁生活を余儀なくされた詩人が遺《のこ》した言葉をあとがきの冒頭に引用したのは、そんな人もこんな言葉も存在しないからである。自分の想《おも》いを表すのに、言葉ほど便利なものはない。しかし、便利だからといって既存の言葉に仮託しすぎてはいけない。決まりきった言葉が、風邪薬の箱に明記されている効能・効果のように、あちこちで使われすぎている。どこまでも自由であるべき言葉を紋切型で拘束する害毒を穿《ほじ》り出してみたかった。言葉は人の動きや思考を仕切り直すために存在するべきで、信頼よりも打破のために使われるべきだと思う。誰からともなく処方箋《しょほうせん》が示されている言葉に縛り付けられるのではなく、むしろ覆《くつがえ》すために、紋切型の言葉をああだこうだ解体してみようと試みた。

朝日出版社の綾女《あやめ》欣伸《よしのぶ》さんに初めて会った時、「もう一〇〇回くらい言われていると思いますけど、珍しい名前ですね」と言うと、綾女さんは「いや、五〇〇回くらい言われています」と突き返してきた。あそこで「そうなんですよ、いっつも読めませんって言われて困っています」と紋切型で答えられていたら、今回のような偏屈な本には行き着かなかったような気がする。こんな言葉はどうっすかね、と絞り出す作業は刺激的だった。ただただ捻《ひね》くれているだけの心根を、あたかも生産的かもしれないと思わせてくれる錯覚を与え続けてくれた綾女さんには、感謝の言葉もない。「感謝の言葉もない」って、本当に感謝の言葉がないみたいでヒヤヒヤする言葉ですよね、と言葉の居場所を巡る雑談をまだまだ続けたい。

唐突だが、昨年の夏まで一〇年近く働いてきた出版社、河出書房新社の皆に「今の僕があるのは」と紋切型の言葉を使って深謝したい。山のような借りを返さぬまま飛び出したこちらの厚顔を面白がってくれた人たちが背中を思いっきり蹴《け》っ飛ばしてくれなければ、この本はいつまでも生まれなかった。

そして何よりも読者の皆さん、どこまでも散らかりながら読み手を置いてけぼりにする考察に辛抱強くお付き合いいただき、ありがとうございました。〝本当の主役は、あなたです〟

二〇一五年三月

武田砂鉄

文庫版　おわりに

この本が出てからすぐ、ある企業で講演することになり、つかみに、本書で記した、結婚式で披露される「両親への手紙」がいかに類型的か、との話をした。「そっちから、一生に一度なので、とプレゼンしてきたのに、なんでみんなと同じ文面でこなそうとするんでしょう」と言うと、多くの出席者が笑う。

終了後、出席者の一人が近づいてきて、「本も読みましたけど、私、自分の結婚式で、型通りの文章を手紙にしました。でも、気持ちをこめて読みましたよ」と少し機嫌を損ねた表情で言う。答えにつまる。こちらは、サラダバー的な他人任せの言葉で作り上げるのではなく、ご自分の言葉でお願いしたい、と書いていた。でも私は、気持ちをこめた、と言う。「気持ち」と「言葉」を天秤《てんびん》にかけて、言葉重視なんです自分、と言ったわけではない。でも、いや、気持ちですよ、と先方は言う。答えにつまった挙句、苦笑いで返したが、苦笑いだけで終わらせたのは失礼だったな、と未《いま》だに思い出す。気持ちがこもっていなかった、とは思う。どう対話すればよかったのか。

本書についての取材を受けるたび、「言葉に厳しい人ですよね」などと言われることが続き、えっ、言葉を書く人が言葉に厳しくない、ってどういう状態なのだろう、と思いながら苦笑いで質問を聞いていた。そば打ち職人に「そばに厳しい人ですよね」と言ったら、場合によっては、めん棒で小突かれると思う。刊行後、テレビをつけるたび、新聞を開くたび、世の中で偉いとされている人の多くが、言葉に厳しくない様子を堂々と見せつけるようになった。言葉に厳しくない自分を、誰より自分が許しているように見えた。忘れたとか、言ってないとか、切り取るなとか、考えすぎだなどと逃れた後で、彼らは、どうしてこっちの気持ちを理解しようとしないのかな、と言わんばかりに、ふてくされたりした。

型にはまった言葉を使っているかもしれないけど、気持ちは型にはまっていないからね、という熱烈アピールに、私たちはどういう言葉を用意するべきなのだろうか。答えにつまったままだ。

今回、久しぶりに読み直したら、言葉は信頼よりも打破のために使われるべき、と書いてあった。そう、打破だ。言葉よりも感情が優先され、言葉を問うと「言葉に厳しい」と言われてしまう現在、言葉に責任を持たずに逃げる背中がたくさん見えるようになった。文庫のための新章として加えた「生産性」には、その逃げる背中がたくさん写っている。そこにもう一回、諦《あきら》めずに声をかけていきたいと思う。誤解を招いたとしても、そう簡単にお詫《わ》び申し上げずに、言葉をぶつけていきたい。

二〇一九年一月

武田砂鉄

解説

辻村深月

数年前、学校にいかない選択をした子どもたちを主人公に小説を書いた。彼らがその選択をするまでには、いろんな理由があって、あるいは言語化できる理由などない時さえあって、そのあたりのことがなるべくしっかり読者に伝わるように、と思いながら、長い長い話を、登場人物それぞれの事情に沿って書いた。

書くときに決めていたのは、「いじめ」という言葉を絶対に使わない、ということ。それとなるべく「不登校」も使わない。

言葉は便利で、一度何かに名前がつくと、私たちはたちどころにイメージを共有し、わかったような顔ができてしまう。人それぞれ、個々に事情があることなど忘れて、「いじめ？　ああ、あれね」と思ってしまう。そうなると、当事者と呼ばれる子たちはどうだろうか。加害者側は、「メディアで報じられているものと違って肉体的な暴力は振るっていない」とか「大人数でやっているわけではなくて、せいぜい二、三人の間のことだから違う」とか思いたいものだろうし、被害者側だって、「弱い子だと決めつけられたくない」とか「そんなふうな一言で済まさないでほしい」と、「いじめ」という言葉の持つ大仰かつ紋切型なイメージから逃れたくなるかもしれない。そもそも、自分たちを「被害者」や「加害者」だと思っていない場合や、逆だと思っている場合もある。

言葉は、あると分析ができる。当事者でない人たちにはわかりやすくなる。しかし、名付けられた途端に当事者が誰もいなくなる。自分たちの間であったことは、大人が紋切型に分析する「いじめ」ではなくて、「○○が××にこう言って、それを受けた別の△△が友達の＊＊に話したことから誤解が生じて、結果、傍観していた##の相談に乗っていた◇◇が仲間外れに――」みたいな長くてわかりにくい説明の方がしっくりくるし、それが彼らの真実なのだ。少なくとも、私は中学生の頃、そう思っていた。大人の思う紋切型の悪意なんてどこにも存在しない。それよりはるかに複雑なことが起きていた。

だから、複雑なことは複雑なままに書きたい。何ページ必要になっても、それが中学生のリアルだし、日常だと思うので、「いじめ」という一言には括《くく》れないのだ――と、本を書き終えた直後、いくつかのインタビューで答えてきた。

するとある時、こんな質問にぶつかった。

「じゃあ、『いじめ』じゃないなら、それらは、なんと呼べばいいんですか」

名付けから逃れよう逃れようとしている最中にぶつけられた、あまりに素直な問いかけに戸惑った。すると続けてこう聞かれた。

「言葉がないと、不便じゃないですか」

　その時は、「それでも名付けちゃいけないんです」と答えた。「名付けた瞬間から、そこからまたこぼれ落ちるものがあるから」と。その複雑さを伝えるために自分は小説を書くのだ、と、インタビューはそこで終わった。今考えると、私は、この時〝情熱大陸的〟な文脈を利用したのだ。問われてもいない「あなたにとって、書くとは?」を答えることで、誰かのフォーマットに則《のっと》って、相手を煙に巻こうとした。私自身も相手も、大人だから、という雰囲気でその場では納得できたふりをしたが、本音のところではもちろん納得いかない。そのため、それからもずっと、私は考え続けることになった。出された宿題を解き続けるように。

　知り合いの新聞記者に聞いたところ、「いじめ」という言葉が登場する前、それらは「交友関係を苦にして」という言われ方などで報道されていたらしい。

「交友関係」。その言葉を前にして、はたと考え込んでしまう。起こったことは同じでも、それでは「いじめ」と聞いて人がイメージするそれとは程遠い。「いじめ」にある理不尽さが根こそぎ消える。そうじゃないんだ、と言い訳したくなる。「言葉がないと不便」と指摘された、あの問いかけの真意がその時になってようやく理解できた。名付けられたことで、確かに多くの人が初めて理解できたこと、心を寄せられるようになった事柄や感情はあるのだ。

では、私が小説を書くことでやろうと思ったことは何か。そこに意味はあるのか。しばらく考えて、意味はある、と思った。私がやりたかったこと、それは、凝り固まってしまった「言葉」を、「解きほぐす」ことなのだ。名付けられたり、発見されたりして、最初は新鮮に迎えられていたはずの言葉は、長く使われ、多くの人に語られることで摩耗し、凝り固まる。だいたいこんなもの、と人が大雑把に理解するとき、その言葉の向こうに「個人」が消える。さらに、「いじめなのだから、加害者は、被害者はこうあってほしい」という勝手かつ無責任なイメージを個人に背負わせることになる。当事者のいない言葉と事象が跋扈《ばっこ》し、本当はあるはずの「個々の物語」が消失してしまう。私がやりたいのは、紋切型のその「大きな言葉」から、「個人の言葉」を取り戻すことだったのだ、と長い時間をかけて理解した。だから私は小説を書く。誰かの作出た結論はぱっと見同じように見えても、これは〝情熱大陸的〟ではない。

ったフォーマットに依《よ》らない、実感としての理解だった。

長い前置きになったが、本書『紋切型社会』には、単行本刊行時に「言葉で固まる現代を解きほぐす」というサブタイトルがついていた。「分析」でも「解体」でもなく、「解きほぐす」。本書が試みたこの感覚を、自分は知っているし、あなたも知っていませんか？　と、つまりはそういうことを伝えたかった。著者は、その凝り固まった言葉によってさらに凝り固められた「現代」を、同じく言葉でもって「ほぐし」に挑んでいく。

その内容はとてもスリリングだ。読んでいてドキリとした人も多いと思う。でもご安心を。私もそうだ。「会うといい人だよ」「うちの会社としては」「誤解を恐れずに言えば」などなど。これらの言葉は日々、本当に何気なく登場するフレーズで、おそらく本書で深く考察されるような背景を考えて口にしている人はほとんどいない。でも、だからこそ恐ろしい。ではなぜ口にしたのか、をひとたび問われると、自分の無意識に潜んでいた欺瞞《ぎまん》や思考的矛盾が明らかになる。無意識だからこそ、言葉の裏にその人の持つ思想や立場、社会がものすごく露骨に滲《にじ》んでしまう。

『紋切型社会』の単行本が刊行されたのは、二〇一五年四月。二〇一九年一月の今から振り返るとだいたい四年前。今回解説を書くにあたって本書を読み返しながら、まだそれだけしか経《た》っていないのか、と時々絶句した。それくらい、めまぐるしくいろんなことが起こったし、かと思うと、本書で扱われた過去の出来事も、まだごく最近のことだったように思えるのだ。

そして、著者が摑《つか》まえた言葉の「揚がった足」のその後を思い、本書がいかに鋭かったのかを思い知る。著者が「解きほぐした言葉」は、ほぐした後も、終わらなかった。たとえば、新章として書き下ろされた「生産性　誤解を招いたとしたらお詫《わ》びします」だ。四年前に書かれた「誤解を恐れずに言えば」や「そうは言っても男は」の文脈のさらに先にある「生産性」。ほぐした先でさらにこじれ続けた結果、登場してきてしまったように思えてならない言葉。

他にも、「乙武《おとたけ》君」はどうだろう？　彼個人のことだけではなくて、2019年の今、私たちは、他にも〝君〟で呼ばれたメンバーたちのアイドルグループが解散し、また活動休止を発表したことを思い出さないだろうか。その時、呼称の〝君〟について考えなかっただろうか。

単行本の「おわりに」で、著者は紋切型な言葉の一つである〝本当の主役は、あなたです〟を用いている。時を経た今、皮肉をまぶしながらも著者がこの言葉に託した狙《ねら》いがはっきりと見えてくる。ほぐしてもまたこじれる紋切型な言葉。新しく現れる、こちらを凝り固めようとしてくる言葉。本書を読み終えた後の私たち読者が、それらの言葉を今後どう受け止めるのか、流されるのか、あるいは解きほぐそうと試みるのか、著者に試されている気がしてならない。

この解説を書きながら、危険なことをしてしまっているなぁと思う。なぜなら、この文章を確実に武田砂鉄氏が読む。私の解説の言葉のどこかも、ともすれば鋭いまなざしを向けられ、たちどころに武田節で「解きほぐされてしまう」のではないか。そんなことにびくびくしながら、今、この文章を書いている。冒頭に書いた「不登校」も「いじめ」も、数年後に振り返れば新しい概念で塗り固められ、変化していないという保証は誰にもできないのだ。だって、それは「言葉」だから。

でもだからこそ。

恐れず言葉にすることを、怠らないでいたい。いちいち丁寧に反応して解きほぐそうという武田砂鉄氏の目線がある限り、私もまた考えながら言葉を発する人でありたいと思うのだ。

とはいえ、〝本当の主役は、あなたです〟

（二〇一九年一月、作家）

この作品は二〇一五年四月朝日出版社より刊行された『紋切型社会　言葉で固まる現代を解きほぐす』を改題し、新章を加えたものです。

紋《もん》切《きり》型《がた》社《しゃ》会《かい》

新潮文庫　た - 124 - 1

平成三十一年三月一日発行

著者　武《たけ》田《だ》砂《さ》鉄《てつ》

発行者　佐藤隆信

発行所　株式会社新潮社

郵便番号　一六二―八七一一
東京都新宿区矢来町七一
電話　編集部(〇三)三二六六―五四四〇
　　　読者係(〇三)三二六六―五一一一
https://www.shinchosha.co.jp

価格はカバーに表示してあります。

乱丁・落丁本は、ご面倒ですが小社読者係宛ご送付ください。送料小社負担にてお取替えいたします。

印刷・株式会社光邦　製本・株式会社大進堂

ISBN978-4-10-121661-4 C0195